초등 공부 시작부터 끝까지!

초끝

문장 학습 + 글쓰기

2 단계

초등 1~2학년

초끝

2단계 | 초등 1~2학년

문장 학습 + 글쓰기

발행일	2024년 1월 2일
펴낸곳	메가스터디(주)
펴낸이	손은진
개발 책임	김문주
개발	양수진, 최성아
글	메가스터디 초등국어교육 연구소, 양하연
그림	류미선
표지 디자인	스튜디오 에딩크
본문 디자인	천지연
마케팅	엄재욱, 김상민
제작	이성재, 장병미
주소	서울시 서초구 효령로 304(서초동) 국제전자센터 24층
대표전화	1661-5431 (내용 문의 02-6984-6928,31 / 구입 문의 02-6984-6868,9)
홈페이지	http://www.megastudybooks.com
출판사 신고 번호	제 2015-000159호
출간제안/원고투고	writer@megastudy.net

일러두기

· 맞춤법과 띄어쓰기는 국립국어원에서 펴낸 《표준국어대사전》을 기준으로 삼되, 초등학교 교과서의 표기를 참고했습니다.
· 외국의 인명과 지명은 국립국어원에서 펴낸 《외래어 표기법》을 따랐습니다.
· 본 저작물은 공공누리 제1유형에 따라 공공 저작물을 이용하였습니다.

메가스터디BOOKS

'메가스터디북스'는 메가스터디㈜의 출판 전문 브랜드입니다.
유아/초등 학습서, 중고등 수능/내신 참고서는 물론, 지식, 교양, 인문 분야에서 다양한 도서를 출간하고 있습니다.

왜?

초등학교 1~2학년
글쓰기를 배워야 할까요?

아직 맞춤법과 띄어쓰기도 익숙하지 않은 초등학교 1~2학년에게 글쓰기가 필요할까요?
아이들이 초등 고학년 수행평가에서 자신의 생각을 처음으로 써 본다면 잘할 수 있을까요?

아이들은 학년이 올라갈수록 자신의 생각을 글로 써야 하는 상황을 많이 마주하게 됩니다.
지식은 많이 쌓였지만 생각이 굳어 있을 때 글쓰기를 시작하면 이미 늦습니다.
글쓰기는 자기 표현 방법의 하나이기 때문에 생각을 글로 표현하는 연습은
일찍 시작할수록 좋습니다. 글쓰기도 결국 훈련인 것이지요.
문해력 학습의 베스트셀러 <한 문장 정리의 힘>을 만든 메가스터디북스에서
글쓰기가 처음인 초등학교 1~2학년을 위한 체계적인 글쓰기 학습을 제안합니다.
글쓰기 연습도 문해력을 키우기 위한 하나의 과정이기 때문에
문장의 구성을 이해하는 것과 더불어 다양한 유형의 글쓰기 연습을 하는 것이 중요합니다.

<초끝 문장 학습 + 글쓰기>는 초등학교 1~2학년 때 반드시 알아야 하는
필수 문법 지식과 초등 교과에서 다루는 갈래별 글쓰기를 통합적으로 다룹니다.
기본 문장 학습부터 실전 글쓰기까지 단계적으로 글쓰기 기초 체력을 키우면서
유형별 글쓰기의 핵심 전략을 익혀 실제 글쓰기에 활용할 수 있도록 구성하였습니다.

<초끝 문장 학습 + 글쓰기>로 기초 글쓰기 능력을 완성하세요!

구성

기본 문장 학습 [1~18일]

문장의 구성 요소부터 문장을 꾸미고 연결하기까지 차근차근 학습하며, 혼자의 힘으로 올바른 문장을 쓸 수 있도록 구성하였습니다. 이를 통해 생각을 글로 정확하게 표현하는 기초인 문장 구성 능력이 향상됩니다.

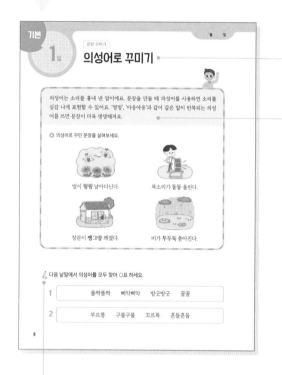

문장 학습 주제

오늘 배울 문장 학습의 주제를 확인합니다. 매일 새로운 학습 내용으로 글쓰기의 기초를 다집니다.

문장 학습 내용

문장 구성과 관련된 자세한 설명을 예시 그림과 문장으로 확인하며 이해합니다.

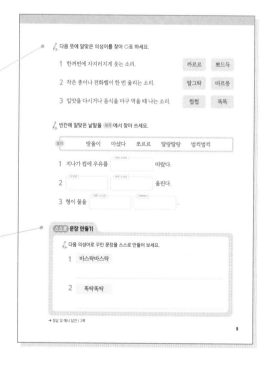

학습 내용 확인

앞에서 배운 문장 학습 내용을 O표 하기, 선 긋기, 빈칸 완성하기 등의 문제로 확인합니다.

스스로 문장 만들기

학습한 내용을 바탕으로 스스로 올바른 문장을 만들어 봅니다.

실전 글쓰기 [19~50일]

기본 문장 학습을 바탕으로 목적에 맞는 다양한 종류의 글쓰기 연습을 할 수 있도록 구성하였습니다.
매일 한 개씩 초등 교과에 나오는 갈래별 글을 쓰며 글쓰기의 자신감과 실력이 높아집니다.

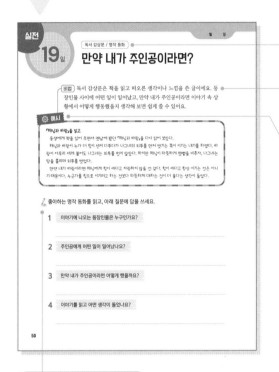

글의 갈래와 글쓰기 주제

매일 다양한 갈래와 새로운 주제의 글을 쓰며
글쓰기에 흥미를 붙입니다.

글쓰기 비법

글의 종류에 대해 설명하고, 갈래별로 글을
쉽게 쓸 수 있는 방법을 알려 줍니다.

예시 글

친구가 쓴 것 같은 예시 글을 보고, 어떻게 쓰
면 좋을지 힌트를 얻습니다.

실전 글쓰기 질문

질문을 보고 글쓰기와 관련 있는 내용을 생
각하며, 글의 재료가 되는 글감을 짧은 문장
으로 정리합니다.

실전 글쓰기

먼저 나만의 제목을 붙인 다음, 글쓰기 질문
에 따라 써 본 내용을 잘 정리하여 자신의 글
을 완성합니다.

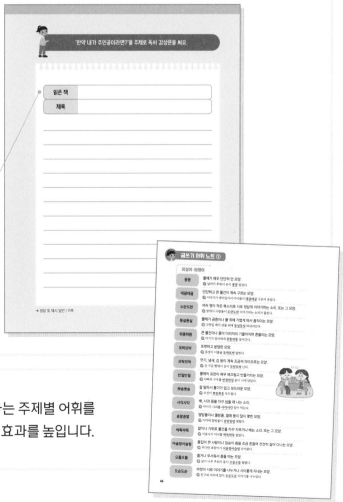

◆ 글쓰기 어휘 노트 ◆   실제 글쓰기에 많이 사용하는 주제별 어휘를
글쓰기에 활용하여 표현의 효과를 높입니다.

이 책의 차례

실전

일	기본 문장 학습
1일	의성어로 꾸미기
2일	의태어로 꾸미기
3일	길게 꾸미기
4일	육하원칙에 따라 문장 만들기
5일	예를 들어 쓰기
6일	빗대어 쓰기
7일	비교·대조하여 쓰기
8일	시간의 흐름에 따라 쓰기
9일	장소의 변화에 따라 쓰기
10일	비슷하거나 반대되는 문장 쓰기
11일	분류하여 쓰기
12일	나열하여 쓰기
13일	가정하여 쓰기
14일	원인과 결과 쓰기
15일	이유 설명하기
16일	해결 방법 제안하기
17일	느낌이나 감정 표현하기
18일	인용하여 쓰기

기본

글쓰기의 시작,
올바른 문장의 기초 다지기

문장 꾸미기

의성어로 꾸미기

의성어는 소리를 흉내 낸 말이에요. 문장을 만들 때 의성어를 사용하면 소리를 실감 나게 표현할 수 있어요. '멍멍', '야옹야옹'과 같이 같은 말이 반복되는 의성어를 쓰면 문장이 더욱 생생해져요.

● 의성어로 꾸민 문장을 살펴보세요.

벌이 **윙윙** 날아다닌다.

북소리가 **둥둥** 울린다.

창문이 **쨍그랑** 깨졌다.

비가 **투두둑** 쏟아진다.

✎ 다음 낱말에서 의성어를 모두 찾아 ○표 하세요.

1	폴짝폴짝 삐악삐악 방긋방긋 꿀꿀

2	부르릉 구불구불 꼬르륵 흔들흔들

✎ 다음 뜻에 알맞은 의성어를 찾아 ○표 하세요.

1 한꺼번에 자지러지게 웃는 소리.   까르르   뿌드득

2 작은 종이나 전화벨이 한 번 울리는 소리.   딸그락   따르릉

3 입맛을 다시거나 음식을 마구 먹을 때 나는 소리.   쩝쩝   똑똑

✎ 빈칸에 알맞은 낱말을 보기 에서 찾아 쓰세요.

보기   방울이   마셨다   쪼르르   딸랑딸랑   벌컥벌컥

1 지나가 컵에 우유를 [어떤 소리로 _____] 따랐다.

2 [무엇이 _____]   [어떤 소리로 _____] 울린다.

3 형이 물을 [어떤 소리로 _____]   [어찌하다 _____] .

스스로 문장 만들기

✎ 다음 의성어로 꾸민 문장을 스스로 만들어 보세요.

1   바스락바스락

_____

2   똑딱똑딱

_____

문장 꾸미기

의태어로 꾸미기

의태어는 사람이나 사물의 모양과 태도, 움직임을 흉내 낸 말이에요. 문장에 '구불구불', '방긋'과 같은 의태어를 사용하면 모양과 태도, 움직임을 자세하고 생동감 있게 표현할 수 있어요.

⊙ 의태어로 꾸민 문장을 살펴보세요.

강아지가 나를 **졸졸** 따라온다.

까치발로 **살금살금** 걷다.

아기가 **방긋방긋** 웃다.

배가 **기우뚱** 기울었다.

✏️ 다음 낱말에서 의태어를 모두 찾아 ○표 하세요.

1	멍멍 어슬렁어슬렁 뒤뚱뒤뚱 딸그락

2	뽀송뽀송 까딱 엉금엉금 깔깔

✏️ 다음 뜻에 알맞은 의태어를 찾아 ○표 하세요.

1 바람이 가볍고 부드럽게 부는 모양.   들썩들썩   산들산들

2 자꾸 이리저리 흔들리는 모양.   흔들흔들   또박또박

3 정답게 이야기하거나 사이좋게 지내는 모양.   오순도순   오싹오싹

✏️ 빈칸에 알맞은 낱말을 보기 에서 찾아 쓰세요.

보기   새가   차곡차곡   훨훨   깡충깡충   쌓았다

1 토끼가 [어떤 모양으로 _____] 뛰어갔다.

2 [무엇이 _____] [어떤 모양으로 _____] 날아간다.

3 아저씨가 상자를 [어떤 모양으로 _____] [어찌하다 _____].

스스로 문장 만들기

✏️ 다음 의태어로 꾸민 문장을 스스로 만들어 보세요.

1   아장아장

_____

2   버럭버럭

_____

기본

3일

길게 꾸미기

문장을 만들 때 뒤에 오는 말을 꾸며 뜻을 자세하게 해 주는 말을 '꾸며 주는 말'이라고 해요. 꾸며 주는 말을 쓰면 생각이나 느낌을 정확하고 생생하게 표현할 수 있어요. 한 문장에 여러 개의 꾸며 주는 말을 넣어서 길게 꾸밀 수도 있어요.

● 꾸며 주는 말을 넣어 길게 쓴 문장을 살펴보세요.

빨갛고 향기로운 장미가 피었다.

하얗고 네모난 지우개가 있다.

작은 오리가 **뒤뚱뒤뚱** 걷는다.

어린 아이가 **혼자** 서 있다.

✎ 빈칸에 알맞은 꾸며 주는 말을 보기 에서 찾아 쓰세요.

보기	맑은 졸졸 가벼운 작고

1 [   ] [   ] 공이 튀어 올랐다.

2 [   ] 물이 [   ] 흐른다.

✏️ 다음 꾸며 주는 말과 어울리는 낱말을 찾아 연결하세요.

1 두껍고 따뜻한 •   • 골목

2 좁고 더러운 •   • 담요

3 크고 반질반질한 •   • 구두

✏️ 빈칸에 알맞은 낱말을 보기 에서 찾아 쓰세요.

보기 아슬아슬하게 세찬 쑥쑥 울퉁불퉁한 송알송알 쌩쌩

1 수민이는 [   ] 땅에 [   ] 내렸다.

2 [   ] 바람이 [   ] 분다.

3 새싹이 [   ] 자라나 열매가 [   ] 맺혔다.

스스로 문장 만들기

✏️ 다음 꾸며 주는 말을 넣어 길게 꾸민 문장을 스스로 만들어 보세요.

1 높고 가파른

_____

2 무겁고 커다란

_____

육하원칙에 따라 문장 만들기

일어난 일을 명확하게 전달해야 하는 기사문은 '누가, 언제, 어디에서, 무엇을, 어떻게, 왜'의 여섯 가지 육하원칙에 맞추어 써야 해요. 글을 쓸 때 육하원칙을 지키면 간결하고 정확하게 쓸 수 있어요.

◯ 육하원칙에 따라 쓴 문장을 살펴보세요.

학생들은 건강해지기 위해 아침에 운동장에서
누가   왜   언제   어디에서
축구를 한다.
무엇을 어떻게

한밤중에 골목에서 고양이가 새끼를 보호하려고
언제   어디에서 누가   왜
지나가는 사람을 노려보았다.
무엇을   어떻게

낮 1시에 서울 종로구의 한 건물에 불이 나서
언제   어디에서   왜
소방관이 불을 껐다.
누가   무엇을 어떻게

✏️ 빈칸에 알맞은 말을 보기 에서 찾아 쓰세요.

보기   던진다   병실에서   의사가   아침마다

누가 [   ]   환자들의 상태를 살펴려고   언제 [   ]
                           왜

어디에서 [   ]   환자들에게 질문을   어떻게 [   ].
                              무엇을

14

✎ 다음 육하원칙에 알맞은 말을 찾아 연결하세요.

1 언제 •

2 무엇을 •

3 왜 •

• 방 청소를

• 집들이를 하려고

• 새벽에

✎ 다음 빈칸에 알맞은 말을 쓰세요.

1 엄마는 밤에 [어디에서 ____] 으로 산책을 가려고 옷을 두껍게 껴입었다.

2 [누가 ____] 추석에 소원을 빌기 위해 밖에서 보름달을 바라보았다.

3 아빠는 피로를 풀기 위해 주말에 집에서 잠을 [어떻게 ____] .

스스로 문장 만들기

✎ 다음 육하원칙을 모두 넣어 문장을 스스로 만들어 보세요.

| 누가 | 언제 | 어디에서 | 무엇을 |

| 어떻게 | 왜 |

_____

_____

→ 정답 및 예시 답안 | 3쪽

문장 연결하기

예를 들어 쓰기

어떤 주제나 대상에 대해 예를 들어 설명하는 방법이 있어요. 글을 쓸 때 예를 들어 쓰면 내용을 더 쉽게 이해할 수 있어요. 주장하는 글을 쓸 때에도 '예를 들어', '이를테면'과 같은 말을 사용하여 구체적인 예를 들면 설득력이 높아져요.

○ 예를 들어 쓴 문장을 살펴보세요.

동물원에는 여러 동물이 있다.
예를 들면 코끼리, 기린, 얼룩말 등이 있다.

나는 학교에서 다양한 과목을 배운다.
예를 들어 국어, 수학, 음악, 미술 등을 배운다.

주말에 가족과 함께 갈 수 있는 곳이 많다.
이를테면 놀이공원, 동물원, 수족관, 도서관 등이 있다.

✎ 다음 질문에 알맞은 예를 쓰세요.

1 나무의 종류로는 어떤 것이 있나요?

_____

2 친구에게 줄 수 있는 선물은 무엇이 있나요?

_____

✏️ 다음 주제를 보고, 알맞은 예를 쓰세요.

주제	예
1 내가 좋아하는 음식	
2 동네에 있는 가게	

✏️ 위에 쓴 내용을 바탕으로 예를 들어 설명하는 문장을 완성하세요.

1 내가 좋아하는 음식

내가 좋아하는 음식들이 있다.

예를 들면 _____

2 동네에 있는 가게

우리 동네에는 가게가 많다.

이를테면 _____

스스로 문장 만들기

✏️ 다음 주제의 예를 적고, 예를 들어 설명하는 문장을 스스로 만들어 보세요.

직업	예

세상에는 다양한 직업이 있다.

_____

_____

→ 정답 및 예시 답안 | 4쪽

기본

6일

빗대어 쓰기

어떤 것을 설명할 때 성질이나 모습이 비슷한 다른 대상에 빗대어 표현할 수 있어요. 글을 쓸 때 '같이', '처럼', '~ 같은'과 같은 말을 사용하여 빗대어 쓰면 느낌을 생생하게 전할 수 있어요.

○ 빗대어 쓴 문장을 살펴보세요.

구름 같은 솜사탕

놀부 같은 욕심쟁이

쟁반이 **보름달처럼** 둥글다.

얼굴이 **사과같이** 예쁘다.

✏️ 빈칸에 알맞은 낱말을 보기 에서 찾아 쓰세요.

보기   대나무   해바라기   얼음   태양

1 [   ] 처럼 차가운 물

2 [   ] 같이 예쁜 마음

✎ 다음 주제를 보고, 빗대어 표현할 수 있는 비슷한 대상으로 알맞은 것을 쓰세요.

주제	비슷한 것
1 착한 친구	천사,
2 두꺼운 책	벽돌,

✎ 위에 쓴 내용을 바탕으로 빗대어 표현한 문장을 완성하세요.

1 착한 친구

내 친구는 _____

2 두꺼운 책

_____

스스로 문장 만들기

✎ 다음 주제와 비슷한 것을 적고, 빗대어 표현한 문장을 스스로 만들어 보세요.

달콤한 포도   비슷한 것 사탕,

_____

_____

→ 정답 및 예시 답안 | 4쪽

[문장 연결하기]

비교·대조하여 쓰기

두 대상에서 공통점을 찾아 설명하는 것은 비교예요. 두 대상에서 차이점을 찾아 설명하는 것은 대조예요. 글을 쓸 때 비교나 대조를 사용하면 대상의 특징을 쉽게 이해할 수 있어요.

○ 비교 또는 대조하여 쓴 문장을 살펴보세요.

호랑이는 사자와 **비슷하게** 날카로운 발톱을 가졌다.
호랑이는 혼자 사는 **반면에** 사자는 무리 지어 산다.

운동장과 교실에 **모두** 학생들이 있다.
시끄러운 운동장과 **반대로** 교실은 조용하다.

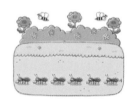

개미와 벌은 둘 **다** 곤충이다.
개미는 기어다니는 **반면에** 벌은 날아다닌다.

✎ 다음 문장이 두 대상의 어떤 점을 설명하는지 알맞은 것에 ○표 하세요.

1 숟가락과 젓가락은 음식을 먹을 때 쓰는 도구이다.　　공통점　　차이점

2 티셔츠는 위에 입고 바지는 아래에 입는다.　　공통점　　차이점

3 설탕과 소금은 색깔이 같아서 똑같아 보인다.　　공통점　　차이점

✎ 다음 두 대상을 비교하여 쓴 문장을 완성하세요.

1 그림책과 만화책

그림책과 만화책은 둘 다 _____

2 연필과 볼펜

연필과 볼펜은 모두 _____

✎ 다음 두 대상을 대조하여 쓴 문장을 완성하세요.

1 물과 우유

물은 투명하지만 _____

2 해와 달

해는 _____

스스로 문장 만들기

✎ 다음 주제를 보고, 두 대상을 비교·대조하는 짧은 글을 스스로 만들어 보세요.

구두와 운동화

구두와 운동화는 둘 다 _____

_____

→ 정답 및 예시 답안 | 5쪽

문장 연결하기

시간의 흐름에 따라 쓰기

어떤 일이 되어 가는 과정을 설명할 때 시간의 흐름에 따라 쓰면 좋아요. '오늘', '다음날'과 같이 시간을 직접 나타내는 말을 쓰거나, '~을 한 다음', '~한 후'와 같이 시간을 짐작하게 해 주는 말을 넣으면 내용을 쉽게 정리할 수 있어요.

○ 시간의 흐름에 따라 쓴 문장을 살펴보세요.

우리는 **오전 10시**에 자동차를 타고 바다로 출발했다. **오후 2시**에 강원도에 도착하여 **오후 3시**에 바다에서 즐겁게 물놀이를 했다.

샌드위치를 만들려면 **맨 처음** 빵에 소스를 바른다. **그다음에** 빵 위에 계란, 햄, 양상추를 놓는다. **마지막으로** 다른 빵을 올리고 예쁘게 자른다.

✏️ 빈칸에 알맞은 낱말을 보기 에서 찾아 쓰세요.

| 보기 | 6월 | 3월 | 5월 | 오늘 | 어제 | 내일 |

1 ☐ 에 새싹이 나왔다. ☐ 에 꽃이 피었다. ☐ 에 열매가 열렸다.

2 ☐ 는 토요일이었다. ☐ 은 일요일이다. ☐ 은 월요일이다.

✎ 시간의 흐름에 따라 쓴 문장이 되도록 알맞게 연결하세요.

1 맨 처음 •   • 새끼 새가 알을 깨고 나왔다.

2 그다음에 •   • 어미 새가 알을 품었다.

3 그 후 •   • 어미 새가 둥지에 알을 낳았다.

✎ 다음 시간을 나타내는 말을 보고, 문장을 완성하세요.

1 **아침에** 빵과 과일을 먹고, **점심에** [   ] .

   저녁에는 [   ] .

2 **가장 먼저** 냄비에 물을 끓인다. **그다음** [   ] .

   마지막으로 [   ] .

스스로 문장 만들기

✎ 다음 주제를 보고, 시간의 흐름이 드러나는 짧은 글을 스스로 써 보세요.

등교 준비

일어나자마자

_____

_____

→ 정답 및 예시 답안 | 5쪽

문장 연결하기

장소의 변화에 따라 쓰기

글을 쓸 때 장소의 변화에 따라 겪은 일을 쓸 수 있어요. '가장 먼저 간 곳은', '나중에 간 곳은'과 같이 장소의 변화가 드러나게 쓰면 일이 일어난 차례대로 읽는 사람이 내용을 쉽게 이해할 수 있어요.

⭕ 장소의 변화에 따라 쓴 문장을 살펴보세요.

학교에 가는 길에 가장 먼저 보이는 가게는 **슈퍼마켓**이다. 그다음에 **문방구**가 나온다. 마지막으로 **경찰서**를 지나면 학교에 도착한다.

숲 입구에서 지도를 보며 선생님께 설명을 들었다. **숲속**에서 나무의 다양한 생김새를 관찰했다. **숲 밖** 쉼터에서 나뭇잎으로 멋진 가면을 만들었다.

✏️ 빈칸에 알맞은 낱말을 보기 에서 찾아 쓰세요.

보기   수영장   서점   놀이터   병원

1 빵집에서 갓 구운 빵을 산 다음, [   ]에 가서 책을 샀다.

2 학교에서 나온 후 [   ]에서 수영 수업을 받았다.

24

✏️ 장소의 변화에 따라 쓴 문장이 되도록 알맞게 연결하세요.

1	가장 먼저 회전목마를 탔다.	•	•	나중에는 한복 시장도 갔다.
2	처음에 간 곳은 과일 가게였다.	•	•	그다음에 범퍼카를 탔다.
3	처음에 아동복 시장에 갔다.	•	•	과일을 사서 꽃 가게에 갔다.

✏️ 다음 장소에서 일어날 수 있는 일을 쓰세요.

	장소	일어날 수 있는 일
1	학원	
2	도서관	
3	목욕탕	

스스로 문장 만들기

✏️ 다음 주제를 보고, 장소의 변화가 드러나는 짧은 글을 스스로 써 보세요.

운동장 → 화장실 → 교실

가장 먼저 운동장에 나가서

→ 정답 및 예시 답안 | 6쪽

10일

[문장 연결하기]

비슷하거나 반대되는 문장 쓰기

이어 주는 말로 앞뒤 문장이 서로 어떤 관계인지 알 수 있어요. 앞뒤 문장이 비슷한 내용이면 '그리고', '또'와 같은 말로 문장을 연결해요. 반대되는 내용을 쓸 때에는 '그러나', '하지만'과 같은 말을 넣어 문장을 이어 쓸 수 있어요.

⚫ 비슷하거나 반대되는 문장을 살펴보세요.

언니는 키가 크다.
그리고 다리도 길다.

나는 과자를 좋아한다.
또 초콜릿도 좋아한다.

자동차가 낡았다.
그러나 잘 달린다.

나는 그림을 잘 그린다.
하지만 춤은 못 춘다.

✏️ 앞뒤 문장을 보고, 이어 주는 말로 알맞은 것에 ○표 하세요.

1 지우는 수영을 잘한다. | 그리고 | 그러나 | 달리기도 잘한다.

2 집이 깨끗하다. | 그리고 | 하지만 | 이상한 냄새가 난다.

✏️ 문장이 자연스럽게 이어지도록 알맞게 연결하세요.

1 겨울에는 날씨가 춥다. •   • 또 눈이 내린다.

2 가방이 크다. •   • 그러나 볼펜은 있다.

3 책상에 연필이 없다. •   • 하지만 무게는 가볍다.

✏️ 다음 이어 주는 말을 보고, 비슷하거나 반대되는 문장을 완성하세요.

1 엄마가 바지를 사 주셨다.   그리고

2 나는 일요일에 늦잠을 잔다.   그러나

3 비가 많이 온다.   하지만

스스로 문장 만들기

✏️ 다음을 보고, 비슷하거나 반대되는 내용의 짧은 글을 스스로 써 보세요.

내가 좋아하는 음식은

_____

_____

_____

→ 정답 및 예시 답안 | 6쪽

기본

11일

문장 연결하기

분류하여 쓰기

분류는 일정한 기준에 따라 어떤 대상을 나누어 설명하는 방법이에요. 분류를 할 때에는 먼저 분류의 기준을 정하고, 그 기준에 따라 항목들을 정리해요. 정리한 항목에 맞추어 대상을 분류하면 내용을 체계적으로 정리할 수 있어요.

○ 분류하여 쓴 문장을 살펴보세요.

계절에 따라 입는 옷이 다르다.
여름에는 반팔 티셔츠와 반바지를 입는다.
겨울에는 코트와 패딩 점퍼를 입는다.

동물은 사는 곳에 따라 나눌 수 있다.
땅속에 사는 동물에는 지렁이, 두더지 등이 있고,
땅 위에 사는 동물에는 사슴, 사자 등이 있다.

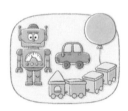

내 동생의 장난감은 색깔이 다양하다.
로봇과 자동차는 **파란색**이고,
풍선과 기차 블록은 **노란색**이다.

✏️ 다음 질문에 알맞은 답을 쓰세요.

1 학용품 중에 종이류에는 무엇이 있나요?

_____

2 학용품 중에 색칠용 미술 도구에는 무엇이 있나요?

_____

✎ 다음 분류 기준과 항목을 보고, 알맞은 대상을 쓰세요.

분류 기준과 항목	분류 대상
1 교통수단 – 땅, 하늘, 바다	
2 음식의 재료 – 곡류, 채소류, 육류	

✎ 위에 쓴 내용을 바탕으로 분류하여 설명하는 문장을 완성하세요.

1 교통수단

교통수단은 길에 따라 땅, 하늘, 바다를 다니는 것으로 분류할 수 있다.

_____

2 음식의 재료

음식은 재료에 따라 곡류, 채소류, 육류로 분류할 수 있다.

_____

스스로 문장 만들기

✎ 다음 분류 기준을 보고, 항목을 정하여 대상을 분류하는 짧은 글을 스스로 써 보세요.

내가 좋아하는 위인

_____

_____

→ 정답 및 예시 답안 | 7쪽

문장 연결하기

나열하여 쓰기

나열은 한 가지 주제에 대해 몇 가지 특징을 늘어놓으며 설명하는 방법이에요. 나열을 할 때에는 '첫째, 둘째, 셋째'와 같은 말을 사용하여 특징을 늘어놓아요. 글을 쓸 때 나열하여 쓰면 구체적으로 설명할 수 있어요.

◉ 나열하여 쓴 문장을 살펴보세요.

여름이 좋은 점은 두 가지다.
첫째, 내가 좋아하는 수박이 나온다.
둘째, 바다에서 수영을 할 수 있다.

캠핑을 가면 몇 가지 놀이를 할 수 있다.
첫째, 돌과 나뭇잎으로 소꿉놀이를 한다.
둘째, 나무 놀이터에서 놀이 기구를 탄다.

내 지우개는 특징이 많다.
첫째, 잘 지워진다. **둘째,** 하얀색이다. **셋째,** 길쭉한 모양
이다. **넷째,** 말랑말랑하다.

✏️ 기차의 특징을 나열한 글을 보고, 빈칸에 알맞은 낱말을 보기 에서 찾아 쓰세요.

보기   하늘   선로   날씨   기차역

기차는 몇 가지 특징이 있다. 첫째, [   ] 위만 달릴 수 있다. 둘째, 한 번에

많은 화물을 수송할 수 있다. 셋째, [   ] 의 영향을 적게 받는다.

✏️ 문장이 자연스럽게 이어지도록 알맞은 문장을 연결하세요.

1   수학이 싫은 이유는   둘째, 어려운   셋째, 여행을
     첫째, 계산이 반복된다.   문제가 많다.   오래 갈 수 있다.

2   방학이 좋은 점은   둘째, 늦잠을   셋째, 열심히 풀어도
     첫째, 놀 시간이 많다.   잘 수 있다.   자꾸 틀린다.

✏️ 다음 글을 읽고, 나열하며 쓴 문장을 완성하세요.

1   물놀이를 할 때 주의할 점은 첫째, 물이 얕은 곳에서 놀아야 한다.

     둘째, _____

2   단짝 친구가 좋은 점이 있다.

     첫째, 나를 잘 이해해 준다. 둘째, 내 비밀을 이야기할 수 있다.

     셋째, _____

스스로 문장 만들기

✏️ 다음 주제를 보고, 특징을 나열한 짧은 글을 스스로 써 보세요.

      담임 선생님의 특별한 점

     _____

     _____

→ 정답 및 예시 답안 | 7쪽

가정하여 쓰기

가정하여 쓰기는 '만약 ~라면 ~일 것이다.'라고 조건을 내세우며 쓰는 방법이에요. 일어나지 않은 일에 대해 결과를 짐작하거나, '~했다면 ~을 것이다.'와 같이 일어난 일에 대해 사실과 반대되는 내용을 가정하여 쓰기도 해요.

○ 가정하여 쓴 문장을 살펴보세요.

만약 피아노 연습을 하루도 빠짐없이 **한다면** 연주 실력이 금방 늘 **것이다.**

우리 동네에 무인 문방구가 **있다면** 매일 사람들이 북적일 **것이다.**

아빠가 조금만 더 빨리 **나갔다면** 버스를 놓치지 않았을 **것이다.**

✎ 빈칸에 알맞은 낱말을 보기 에서 찾아 쓰세요.

보기   만약   이라면   것이다

1 내가 형 [   ] 동생을 괴롭히지 않을 [   ] .

2 [   ] 지우가 양말을 신었다면 뒤꿈치가 까지지 않았을 것이다.

✎ 문장이 자연스럽게 이어지도록 알맞은 것을 연결하세요.

1 내일 비가 많이 온다면 •   • 감기에 걸리지 않았을 것이다.

2 내의를 입었다면 •   • 천을 깨끗이 자를 수 없을 것이다.

3 만약 가위가 없다면 •   • 여행을 가지 않을 것이다.

✎ 다음 조건을 보고, 가정하는 문장을 완성하세요.

1 만약 내가 부자가 된다면

2 글자를 배웠다면

3 매일 줄넘기 연습을 하면

스스로 문장 만들기

✎ 다음 주제를 보고, 상황을 가정하는 짧은 글을 스스로 써 보세요.

만약 내가 하늘을 날 수 있다면

→ 정답 및 예시 답안 | 8쪽

14일

문장 연결하기

원인과 결과 쓰기

어떤 일이 일어난 까닭이 원인이고, 앞서 일어난 일 때문에 생기는 일이 결과예요. 일이 일어난 순서를 파악하면 원인과 결과를 쉽게 찾을 수 있어요. 글을 쓸 때 원인과 결과는 '그래서', '그러므로'와 같은 말로 연결할 수 있어요.

○ 원인과 결과를 쓴 문장을 살펴보세요.

비를 많이 맞았다. **그래서** 감기에 걸렸다.

늦게까지 책을 읽었다. **그래서** 수업 시간에 자꾸 졸았다.

✎ 다음 원인에 알맞은 결과에 ○표 하세요.

1 공부를 열심히 했다. 　　선생님께 혼이 났다. 　　시험을 잘 봤다.

2 아이스크림을 많이 먹었다. 　　배가 고팠다. 　　배탈이 났다.

3 땡볕에 운동을 했다. 　　땀이 났다. 　　살이 쪘다.

✎ 다음 원인에 알맞은 결과를 찾아 연결하세요.

원인

1 꽃에 물을 주지 못했다. •

2 함박눈이 소복이 쌓였다. •

3 형에게 화를 냈다. •

결과

• 형에게 미안한 마음이 들었다.

• 꽃이 시들었다.

• 눈사람을 만들었다.

✎ 다음 원인을 보고, 결과를 설명하는 문장을 완성하세요.

1 배가 고팠다.

2 손톱이 길다.

3 형의 과자를 몰래 먹었다.

스스로 문장 만들기

✎ 다음 원인을 보고, 원인과 결과가 드러나도록 짧은 글을 스스로 써 보세요.

종이에 손가락을 베였다.

문장 연결하기

이유 설명하기

주장이나 부탁을 할 때 생각과 의견을 뒷받침하는 이유를 설명하면 다른 사람을 쉽게 설득할 수 있어요. 이유를 쓸 때에는 '왜냐하면 ~ 때문이다.' 형식으로 쓰고, 타당한 이유를 든다면 다른 사람이 바르게 판단할 수 있어요.

◎ 이유를 설명한 문장을 살펴보세요.

생일 선물로 컴퓨터를 받고 싶습니다.
왜냐하면 컴퓨터가 있으면 숙제를 할 때 도움이 되기 **때문입니다.**

운동을 많이 해야 한다.
그 이유는 운동을 하면 건강해지기 **때문이다.**

엄마, 아침에 일찍 깨워 주세요.
왜냐하면 아침에 준비할 시간이 부족하기 **때문이에요.**

✎ 다음 주장을 뒷받침하는 이유로 알맞은 것에 ○표 하세요.

1 글을 많이 써야 한다.

| 글을 많이 쓰면 힘들다. | 글쓰기 실력이 길러진다. |

2 등교 시간을 지키자.

| 등교 시간은 학교에서 정한 규칙이다. | 등교 시간을 지키면 일찍 끝난다. |

✎ 다음 의견을 뒷받침하는 이유를 찾아 연결하세요.

의견

1 바다보다 산이 좋다. •

2 반찬을 골고루 먹어야 한다. •

3 아파트 실내에서 뛰면 안 된다. •

이유

• 정상에 오르면 공기가 상쾌하다.

• 아파트는 여러 사람이 함께 사는 건물이다.

• 반찬마다 들어 있는 영양소가 다르다.

✎ 다음 주장을 보고, 이유를 설명하는 문장을 완성하세요.

1 친구야, 사이좋게 지내자.

2 선생님, 짝꿍을 바꿔 주세요.

3 새 옷이 필요해요.

스스로 문장 만들기

✎ 다음 주제를 보고, 이유를 설명하는 짧은 글을 스스로 써 보세요.

횡단보도를 건널 때 조심해야 한다.

→ 정답 및 예시 답안 | 9쪽

기본

16일

문장 연결하기

해결 방법 제안하기

어떤 문제를 해결하기 위한 글을 쓸 때 해결 방법을 설명하거나 제안하는 내용을 반드시 써야 해요. 해결 방법을 쓸 때에는 '(그 문제를) 해결하기 위해서는 ~하는 방법이 있다.'와 같은 표현을 쓸 수 있어요.

○ 해결 방법을 설명한 문장을 살펴보세요.

급식을 많이 남겨서 음식 쓰레기가 많이 생긴다.
이 문제를 해결하기 위해 먹을 수 있는 만큼만 음식을 담아야 한다.

숙제가 밀리는 친구들이 많다.
이 문제를 해결하려면 숙제를 받은 날 저녁에 바로 하는 방법이 있다.

감기 환자가 늘고 있다.
이 문제를 해결하기 위해서는 손을 자주 씻고 마스크를 껴야 한다.

✏️ 다음 문장이 무엇을 설명하는지 알맞은 것에 ○표 하세요.

1 어린이들의 핸드폰 사용 시간이 늘고 있다.　　　　문제　　해결 방법

2 일정 시간이 지나면 핸드폰이 꺼지도록 설정한다.　　문제　　해결 방법

3 핸드폰 사용 시간을 알려 주는 알람을 사용한다.　　문제　　해결 방법

✏️ 다음 문제에 알맞은 해결 방법을 찾아 연결하세요.

	문제		해결 방법

1 학교 앞에서 교통사고가 자주 일어난다. •

• 쓰레기를 함부로 버리지 말고, 쓰레기 줍기 봉사 활동을 한다.

2 운동장에 떨어진 쓰레기가 많다. •

• 컴퓨터 화면이나 핸드폰을 오래 보지 않는다.

3 시력이 나빠졌다. •

• 학생들은 차를 조심하고, 운전자는 천천히 운전해야 한다.

✏️ 다음 문제를 보고, 해결 방법을 제안하는 문장을 완성하세요.

1 자동차 매연이 심하다.

2 물건을 잘 잃어버린다.

3 불량 식품을 많이 먹는다.

스스로 문장 만들기

✏️ 다음 주제를 보고, 해결 방법을 제안하는 짧은 글을 스스로 써 보세요.

지저분한 학교 화장실

→ 정답 및 예시 답안 | 9쪽

문장 연결하기

느낌이나 감정 표현하기

몸의 감각을 통하여 알아차리는 느낌, 여러 가지 일을 겪으며 느끼는 기쁨과 슬픔, 놀라움 등의 감정을 글로 표현할 수 있어요. 자신이 느낀 다양한 감정과 느낌을 글로 쓰면 마음을 솔직하게 전할 수 있어요.

⭕ 느낌이나 감정을 표현한 문장을 살펴보세요.

달리기를 하다가 넘어졌다.
모두 나를 쳐다보고 있어서 **창피했다.**

강아지 털을 만졌다.
털이 보드랍고 따뜻해서 **행복했다.**

단짝 친구가 이사를 간다.
너무 슬프고 **아쉽다.**

✏️ 빈칸에 알맞은 낱말을 보기 에서 찾아 쓰세요.

보기   아늑했다   조마조마했다   불편했다   벅찼다

1 버스 안에 사람이 많았다. 옆 사람이 너무 붙어 있어서 [   ].

2 갑자기 비바람이 몰아쳤다. 창문이 깨질까 봐 [   ].

✐ 다음 상황에서 느낄 수 있는 감정을 나타낸 말에 ○표 하세요.

1 흔들다리를 건널 때 ⬜ 개운하다 ⬜ 불안하다

2 시험을 잘 봤을 때 ⬜ 뿌듯하다 ⬜ 서글프다

✐ 위에 쓴 내용을 바탕으로 느낌이나 감정을 표현한 문장을 완성하세요.

1 흔들다리를 건널 때

높은 곳에 있는 흔들다리를 건넜다.

2 시험을 잘 봤을 때

오늘 시험을 잘 봤다.

스스로 문장 만들기

✐ 다음 낱말을 모두 사용하여 느낌이나 감정을 표현한 짧은 글을 스스로 써 보세요.

부끄럽다, 아쉽다

→ 정답 및 예시 답안 | 10쪽

문장 연결하기

인용하여 쓰기

인용은 생각을 잘 전달하기 위하여 남의 말이나 글을 사용하는 것이에요. 주로 전문가의 말이나 책에 나온 문장, 속담 등을 인용해요. 인용하여 쓸 때에는 인용한 말에 큰따옴표를 쓰고, '~라는 말이 있다.'와 같은 형식으로 쓸 수 있어요.

○ 인용하여 쓴 문장을 살펴보세요.

내가 무거운 가방을 들고 가는데 친구가 도와주었다. **"백지장도 맞들면 낫다."라는 말처럼** 친구가 도와주니 힘이 덜 들었다.

이준이는 하루도 빠짐없이 수영 연습을 열심히 했다. **'고진감래'라는 말이 있듯이** 고생 끝에 좋은 결과가 왔다.

헤르만 헤세는 "책 속에서 필요한 모든 것을 찾을 수 있다."라고 말했다. 독서를 하면 책에서 많은 지식과 경험을 배울 수 있다.

✎ 빈칸에 알맞은 속담을 보기 에서 찾아 쓰세요.

보기   "세 살 버릇이 여든까지 간다."   "뛰는 놈 위에 나는 놈 있다."

[   ]라는 말처럼 나쁜 습관은 고치기

힘들기 때문에 어릴 때부터 예절을 잘 가르쳐야 한다.

✏️ 다음 상황에서 인용할 수 있는 알맞은 말에 ○표 하세요.

1 자꾸 나를 화나게 하는 언니에게 그만하라고 말할 때

> 지렁이도 밟으면 꿈틀한다.

> 꿩 먹고 알 먹는다.

2 할머니가 손주를 사랑하는 마음을 표현할 때

> 눈에 넣어도 아프지 않다.

> 등잔 밑이 어둡다.

✏️ 위에서 고른 말을 인용하여 문장을 완성하세요.

1 언니가 화나게 할 때

언니, _____

나를 자꾸 화나게 하면 가만히 있지 않을 거야.

2 할머니의 사랑을 표현할 때

_____

그만큼 할머니는 나를 예뻐하고 사랑해 주신다.

스스로 문장 만들기

✏️ 다음 속담을 인용하여 짧은 글을 스스로 써 보세요.

소 잃고 외양간 고친다

_____

_____

→ 정답 및 예시 답안 | 10쪽

의성어·의태어

꽁꽁

물체가 매우 단단히 언 모양.

(예) 날씨가 추워서 손이 **꽁꽁** 얼었다.

데굴데굴

단단하고 큰 물건이 계속 구르는 모양.

(예) 이야기가 재미있어서 아이들이 **데굴데굴** 구르며 웃었다.

도란도란

여러 명이 작은 목소리로 서로 정답게 이야기하는 소리. 또는 그 모양.

(예) 방에서 사람들이 **도란도란** 이야기하는 소리가 들린다.

둥실둥실

물체가 공중이나 물 위에 가볍게 떠서 움직이는 모양.

(예) 나뭇잎 배가 냇물 위에 **둥실둥실** 떠내려간다.

뒤뚱뒤뚱

큰 물건이나 몸이 이리저리 기울어지며 흔들리는 모양.

(예) 아기가 엄마에게 **뒤뚱뒤뚱** 걸어간다.

또박또박

또렷하고 분명한 모양.

(예) 동생이 이름을 **또박또박** 말한다.

모락모락

연기, 냄새, 김 등이 계속 조금씩 피어오르는 모양.

(예) 갓 구운 빵에서 김이 **모락모락** 난다.

반질반질

물체의 표면이 매우 매끄럽고 반들거리는 모양.

(예) 아빠의 구두를 **반질반질** 윤이 나게 닦았다.

뽀송뽀송

잘 말라서 물기가 없고 보드라운 모양.

(예) 수건이 **뽀송뽀송** 부드럽다.

사각사각

배, 사과 등을 자꾸 씹을 때 나는 소리.

(예) 아이가 사과를 **사각사각** 씹어 먹는다.

송알송알

땀방울이나 물방울, 열매 등이 많이 맺힌 모양.

(예) 이마에 땀방울이 **송알송알** 맺혔다.

싹둑싹둑

칼이나 가위로 물건을 자꾸 자르거나 베는 소리. 또는 그 모양.

(예) 미용사가 머리를 **싹둑싹둑** 잘랐다.

어슬렁어슬렁

몸집이 큰 사람이나 짐승이 몸을 조금 흔들며 천천히 걸어 다니는 모양.

(예) 커다란 호랑이가 **어슬렁어슬렁** 다가왔다.

오들오들

춥거나 무서워서 몸을 떠는 모양.

(예) 날이 너무 추워서 몸이 **오들오들** 떨렸다.

오순도순

여럿이 서로 이야기를 나누거나 사이좋게 지내는 모양.

(예) 친구와 의자에 앉아 **오순도순** 이야기를 나누었다.

올록볼록	물체의 겉이나 면이 고르지 않게 높고 낮은 모양.
	예 수첩에 **올록볼록** 스티커를 붙였다.
질겅질겅	질긴 것을 거칠게 자꾸 씹는 모양.
	예 오징어를 **질겅질겅** 씹었더니 이빨이 아프다.
쩌렁쩌렁	목소리가 몹시 크고 높게 울려서 나는 소리나 모양.
	예 아기가 우는 소리가 집 안에 **쩌렁쩌렁** 울렸다.
후루룩	물이나 국수 따위를 빨리 들이마시는 소리나 모양.
	예 국수가 너무 맛있어서 **후루룩** 먹었다.
휘휘	이리저리 휘두르거나 휘젓는 모양.
	예 길을 건너지 말라고 엄마가 소리치며 두 팔을 **휘휘** 내저었다.

장소 · 시간을 나타내는 말

광장	거리에 많은 사람이 모일 수 있게 만들어 놓은 넓은 곳.
	예 **광장**에서 나눔 장터가 열려 사람들이 잔뜩 모였다.
근처	가까운 곳.
	예 집 **근처**에서 같은 반 친구를 마주쳤다.
글피	모레의 다음 날.
	예 **글피**가 지나면 드디어 새해가 된다.
금세	시간이 얼마 지나지 않아 바로.
	예 극장 안이 **금세** 사람들로 꽉 찼다.
길목	길의 중요한 통로가 되는 곳.
	예 범인을 잡으려고 **길목**마다 경찰관들이 서 있다.
나날이	매일매일.
	예 은아의 키는 **나날이** 자라는 것 같다.
단숨에	쉬지 않고 곧장.
	예 준아는 산꼭대기까지 **단숨에** 올라갔다.
모레	내일의 다음 날.
	예 **모레**까지 숙제를 모두 끝내야 한다.
별안간	갑작스럽고 아주 짧은 동안.
	예 **별안간**에 벌어진 일이라 기억이 나지 않는다.
보름	15일 동안.
	예 우리 가족은 **보름** 동안 제주도에 머물 것이다.

사흘	세 날을 뜻하는 말. 예 아빠가 **사흘** 동안 출장을 가신다.
아까	조금 전. 예 **아까** 지나간 사람을 지금 다시 봤다.
어귀	드나드는 곳의 첫머리. 예 늦은 밤 골목 **어귀**에서 도둑을 마주쳤다.
어느 날	콕 집어 말할 필요가 없는 막연한 날. 예 **어느 날** 아진이는 다리가 아프다며 펑펑 울었다.
예전	오래된 지난날. 예 **예전**에 찍은 사진을 보니 그때가 기억났다.
오래간만	긴 시간이 지난 뒤. 예 여름이 되어 **오래간만**에 복숭아를 먹었다.
초하루	매달 첫째 날. 예 매달 **초하루**가 되면 아파트에 과일, 고기 등을 파는 장이 선다.
한나절	하루의 낮 전체. 예 온가족이 함께 **한나절** 동안 대청소를 했다.
한참	꽤 오랜 시간 동안. 예 운동장을 **한참** 달렸더니 다리가 아프다.
훗날	시간이 지난 뒤에 온 날. 예 **훗날** 지훈이와 다시 만나기로 약속했다.

 뜻을 분명하게 하는 말

가만히	움직이지 않거나 말없이. 예 주사를 맞을 때 눈을 감고 **가만히** 있었다.
간신히	겨우, 매우 힘들게. 예 정류장에 다가오는 버스를 **간신히** 잡아서 탔다.
거뜬히	다루기 가볍고 손쉽게. 예 이 정도의 짐은 **거뜬히** 들 수 있다.
다시	되풀이해서. 예 틀렸던 수학 문제를 **다시** 풀었더니 이해가 되었다.
마구	아무렇게나 함부로. 예 이 옷은 **마구** 만들었는지 바느질이 엉망이다.

멀리	시간이나 거리가 많이 떨어져 가깝지 않게. 예 친한 친구가 **멀리** 이사를 갔다.
무사히	아무런 일이 없이. 예 폭우를 뚫고 **무사히** 집에 돌아왔다.
무척	아주. 심하게. 예 유준이는 키가 **무척** 크다.
반드시	틀림없이 꼭. 예 아이스크림은 **반드시** 냉동실에 넣어야 한다.
부리나케	서둘러서 아주 급하게. 예 서아는 **부리나케** 달려가서 가방을 가져왔다.
빤히	결과나 상태가 들여다보이듯이 분명하게. 예 **빤히** 보이는 거짓말을 하다니!
슬며시	남이 잘 알아채지 못하게 몰래. 예 아기가 깨지 않게 **슬며시** 나와 방문을 닫았다.
어서	일이 늦어지지 않게 빨리. 예 깜깜해지기 전에 **어서** 집으로 가자.
으레	틀림없이 언제나. 예 도윤이를 만나면 **으레** 내가 먼저 인사를 했다.
일부러	어떤 목적이나 생각을 가지고. 예 내가 화난 것을 알려 주려고 **일부러** 크게 소리 질렀다.
정말로	거짓이 없이 사실대로 말하여. 예 나는 강아지를 **정말로** 사랑한다.
찬찬히	성질이나 행동이 꼼꼼하고 자상하게. 예 형은 창문으로 내부를 **찬찬히** 들여다보았다.
하마터면	조금만 잘못했더라면. 예 **하마터면** 교실에 실내화를 두고 올 뻔 했다.
함부로	조심하지 않고 생각 없이 마구. 예 친구에게 빌린 물건을 **함부로** 쓰면 안 된다.
훨씬	정도 이상으로 차이가 나게. 예 엄마가 만들어 주신 음식이 식당 음식보다 **훨씬** 맛있다.

일	글의 종류	실전 글쓰기
19일	독서 감상문	만약 내가 주인공이라면?
20일	독서 감상문	어떤 뒷이야기가 이어질까?
21일	독서 감상문	특별히 재미있었던 부분은?
22일	독서 감상문	주인공에게 편지 쓰기
23일	독서 감상문	만약 주인공을 만난다면?
24일	독서 감상문	책에서 꼭 기억하고 싶은 것은?
25일	독서 감상문	새롭게 알게 된 점은?
26일	관찰 기록문	감각을 이용하여 물건 살펴보기
27일	관찰 기록문	자연물을 자세히 들여다보기
28일	관찰 기록문	음식을 구체적으로 설명하기
29일	관찰 기록문	얼굴을 꼼꼼히 살펴보기
30일	관찰 기록문	잘 아는 장소를 다시 보기
31일	관찰 기록문	상태의 변화를 관찰하기
32일	설명하는 글	공휴일의 특징
33일	설명하는 글	학교에서 가장 좋아하는 장소
34일	설명하는 글	내가 좋아하는 동물
35일	설명하는 글	두 직업의 공통점과 차이점
36일	설명하는 글	유명한 말로 설명하기
37일	주장하는 글	좋은 습관을 가져요
38일	주장하는 글	새 물건을 사 주세요
39일	주장하는 글	노는 시간이 있어야 해요
40일	주장하는 글	초등학생에게 스마트폰이 필요할까?
41일	주장하는 글	집 안에서 슬리퍼를 신어요
42일	기행문	여행을 다녀와서
43일	기행문	박물관에 다녀와서
44일	광고 글	내가 다니는 학원을 광고하기
45일	광고 글	새로 나온 과자를 광고하기
46일	주제 글	쉬는 시간에 무엇을 할까?
47일	주제 글	해야 하지만 정말로 하기 싫은 일은?
48일	주제 글	가장 소중한 물건 세 가지는?
49일	주제 글	내가 자랑스러웠던 순간은?
50일	주제 글	이야기 속 주인공이 된다면?

실전

글을 잘 쓰는 비법,
매일 새로운 갈래별 글쓰기

실전

19일

독서 감상문 / 명작 동화

만약 내가 주인공이라면?

비법 독서 감상문은 책을 읽고 떠오른 생각이나 느낌을 쓴 글이에요. 등장인물 사이에 어떤 일이 일어났고, 만약 내가 주인공이라면 이야기 속 상황에서 어떻게 행동했을지 생각해 보면 쉽게 쓸 수 있어요.

⚙ 예시

『해님과 바람』을 읽고

　동생에게 책을 읽어 주면서 옛날에 봤던 『해님과 바람』을 다시 읽어 보았다.

　해님과 바람이 누가 더 힘이 센지 다투다가 나그네의 외투를 먼저 벗기는 쪽이 이기는 내기를 하였다. 바람이 아무리 세게 불어도 나그네는 외투를 벗지 않았다. 하지만 해님이 따뜻하게 햇볕을 비추자, 나그네는 땀을 흘리며 외투를 벗었다.

　만약 내가 바람이라면 해님에게 힘이 세다고 자랑하지 않을 것 같다. 힘이 세다고 항상 이기는 것은 아니기 때문이다. 누군가를 힘으로 이기려고 하는 것보다 따뜻하게 대하는 것이 더 좋다는 생각이 들었다.

✎ 좋아하는 명작 동화를 읽고, 아래 질문에 답을 쓰세요.

1 이야기에 나오는 등장인물은 누구인가요?

_____

2 주인공에게 어떤 일이 일어났나요?

_____

3 만약 내가 주인공이라면 어떻게 했을까요?

_____

4 이야기를 읽고 어떤 생각이 들었나요?

읽은 책	
제목	

이야기 속 주인공이
되어 보자!

→ 정답 및 예시 답안 | 11쪽

실전

20일

어떤 뒷이야기가 이어질까?

비법 전래 동화는 옛날부터 입에서 입으로 전해 내려오는 이야기예요. 가장 좋아하는 전래 동화의 뒷이야기를 상상해 보세요. 뒷이야기의 새 주인공을 정하고, 사건의 흐름에 알맞게 이어질 내용으로 독서 감상문을 써요.

⚙ 예시

「흥부와 놀부」 뒷이야기

　텔레비전에서 '흥부가'를 소개하는 것을 본 후, 『흥부와 놀부』의 뒷이야기를 상상해 보았습니다.

　똥물에서 빠져나온 놀부와 놀부 아내는 흥부네 집을 찾아갔어요.

　놀부가 흥부에게 책임지라며 화를 내자, 착한 흥부는 형님에게 금은보화를 나누어 주었어요. 그래도 놀부는 만족하지 못했어요. 그날 밤, 놀부와 놀부 아내는 흥부네 집에 몰래 들어가 지붕에 열린 박을 훔쳤어요. 놀부와 놀부 아내가 훔친 박을 열심히 타자, 박에서 커다란 독수리가 나왔어요. 그리고 놀부와 놀부 아내를 확 낚아채더니 아무도 살지 않는 무인도에 뚝 떨어뜨렸답니다.

✎ 좋아하는 전래 동화를 읽고, 아래 질문에 답을 쓰세요.

1 이야기의 마지막은 어떻게 끝났나요?

_____

2 뒷이야기의 주인공은 누구인가요?

_____

3 주인공이 겪는 새로운 사건은 무엇인가요?

_____

4 뒷이야기에서 주인공은 어떻게 되나요?

_____

'어떤 뒷이야기가 이어질까?'를 주제로 독서 감상문을 써요.

읽은 책	
제목	

_____

_____

_____

_____

_____

_____

_____

_____

_____

이야기의 주인공을 바꾸어도 좋아!

_____

_____

→ 정답 및 예시 답안 | 11쪽

실전

21일

독서 감상문 / 창작 동화

특별히 재미있었던 부분은?

비법 창작 동화는 작가의 상상력으로 만들어 낸 이야기예요. 이야기를 읽고 인상 깊었던 내용이나 주인공의 말과 행동에서 재미있었던 점을 찾아, 독서 감상문에 왜 그 부분이 기억에 남는지를 써요.

예시

여우야, 그러지 마!

표지에 여우의 입속에 들어가 이를 치료하는 쥐의 모습이 재미있어 보여서 읽어 보았다.

치과 의사 드소토 선생님은 작은 쥐다. 드소토 선생님은 원래 위험한 동물은 치료하지 않는데, 이가 아프다고 엉엉 우는 여우를 보고 딱한 마음에 치료를 해 주었다. 그런데 여우는 치료가 끝난 후에 드소토 선생님을 잡아먹으려고 마음먹었다. 드소토 선생님이 그런 여우를 골탕 먹이는 부분이 가장 재미있었다. 이가 꽉 들러붙은 여우가 "대다니 고마스니다."라고 말하고 계단을 비틀비틀 내려가는 모습이 정말 웃겼다.

드소토 선생님이 교활한 여우를 이겨서 통쾌하고 기분 좋았다.

✎ 좋아하는 창작 동화를 읽고, 아래 질문에 답을 쓰세요.

1 이야기에서 특별히 재미있었던 부분은 어디인가요?

_____

2 주인공의 말이나 행동 중 특히 기억나는 것은 무엇인가요?

_____

3 그 부분이 기억에 남는 까닭은 무엇인가요?

_____

4 그 부분을 읽을 때 어떤 생각이 들었나요?

_____

'특별히 재미있었던 부분'을 주제로 독서 감상문을 써요.

읽은 책	
제목	

인상 깊게 읽은
부분을 떠올려 봐!

독서 감상문 / 인물 이야기

주인공에게 편지 쓰기

비법 인물 이야기에는 훌륭한 인물의 업적과 인물이 힘든 상황을 헤쳐 나가는 과정이 담겨 있어요. 인물 이야기의 독서 감상문은 편지 형식으로도 쓸 수 있어요. 인물에게 하고 싶은 말을 편지로 전해요.

⚙ 예시

이순신 장군님께

　이순신 장군님, 안녕하세요?

　장군님의 동상을 보고 궁금해서 책을 찾아 읽어 보았어요.

　장군님께서는 뛰어난 전법으로 수많은 해전에서 큰 승리를 거두셨어요. 정말 대단하세요. 장군님께서 부하들에게 "죽고자 하면 살고, 살고자 하면 죽는다. 모두들 죽기를 각오하고 싸워라!"라고 말씀하셨죠? 하지만 장군님은 죽는 것이 두렵지 않으셨나요? 장군님처럼 용감하다면 상대가 아무리 강하더라도 이길 수 있을 것 같아요. 장군님의 지혜와 용기를 본받고 싶어요.

✎ 좋아하는 인물 이야기를 읽고, 아래 질문에 답을 쓰세요.

1 　주인공은 누구인가요?

_____

2 　주인공이 이룬 일 중 가장 대단하게 느낀 점은 무엇인가요?

_____

3 　주인공의 말과 행동 중 가장 기억에 남는 것은 무엇인가요?

_____

4 　주인공에게 묻고 싶은 말은 무엇인가요?

_____

읽은 책	
제목	

인물에게 궁금한 점을 정리해 봐!

독서 감상문 / 인물 이야기

만약 주인공을 만난다면?

비법 인물 이야기를 읽으면서 주인공이 어떤 일을 겪었는지 알아보고, 그 때 나라면 어떻게 행동했을지 생각해 보세요. 만약 내가 주인공을 만난다 면 주인공과 하고 싶은 일을 상상하여 독서 감상문을 써요.

⚙ 예시

내가 헬렌 켈러를 만난다면

여성 위인에 관한 책이 읽고 싶어서 찾아보다가 헬렌 켈러 책을 읽게 되었다.

헬렌 켈러는 두 살 때 심한 열병에 걸려 눈도 보이지 않고 귀도 들리지 않게 되었다. 다행히 설리번 선생 님이 헬렌에게 손짓과 소리를 내서 말하는 방법을 가르쳐 주었다. 이후 헬렌은 더 많은 것을 배우기 위해 노력했고, 대학을 우수한 성적으로 졸업했다. 장애가 있는 헬렌이 이런 일을 이루기 위해서는 장애가 없 는 사람보다 몇 배는 더 노력해야 했을 것이다. 만약 내가 헬렌 켈러를 만난다면 헬렌 켈러에게 포기하 지 않는 방법을 배우고 싶다. 그리고 이 말을 해 주고 싶다. "많은 사람들에게 용기를 주어 감사해요!"

✎ 좋아하는 인물 이야기를 읽고, 아래 질문에 답을 쓰세요.

1 주인공에게 어떤 특징이 있나요?

_____

2 주인공은 무슨 일을 했나요?

_____

3 만약 주인공을 만난다면 무엇을 하고 싶나요?

_____

4 주인공을 만나면 해 주고 싶은 말은 무엇인가요?

_____

'만약 주인공을 만난다면?'을 주제로 독서 감상문을 써요.

읽은 책	
제목	

_____

_____

_____

_____

_____

_____

_____

_____

주인공에게
하고 싶은 말을
생각해 봐!

_____

_____

→ 정답 및 예시 답안 | 13쪽

독서 감상문 / 사회 지식책

책에서 꼭 기억하고 싶은 것은?

비법 사회 지식책은 역사, 지리, 문화 등의 내용을 담고 있어요. 정보를 알려 주는 글을 읽고 난 후에는 수많은 정보 중에 꼭 기억하고 싶은 것이나 남에게 알리고 싶은 내용을 정리하여 독서 감상문을 쓰면 좋아요.

예시

천 년의 도시 경주

다음 주말 가족 여행으로 경주에 가기로 해서 경주를 공부할 수 있는 책을 읽었다.

경주는 천 년 동안 신라의 수도였다. 그래서 경주 곳곳에는 신라의 역사를 보여 주는 유적과 유물이 많다. 이 책은 경주의 유명한 유적에 대한 중요한 사실들을 알려 준다. 책에 나온 것 중 내가 경주에 가서 직접 보고 싶은 것은 다보탑이다. 다보탑은 십 원짜리 동전에 그려진 탑으로 불국사 안에 있다. 다보탑 옆에 석가탑이 있는데 석가탑이 일반적인 탑의 형태라면, 다보탑은 다른 어떤 돌탑과도 닮지 않은 독특한 아름다움을 가지고 있다고 한다. 경주에 가서 다보탑과 석가탑의 모양이 어떻게 다른지 살펴봐야겠다.

✏️ 좋아하는 사회 지식책을 읽고, 아래 질문에 답을 쓰세요.

1 무엇에 대해 알려 주나요?

_____

2 꼭 기억하고 싶은 흥미로운 내용은 무엇인가요?

_____

3 책을 읽고 새롭게 알게 된 점은 무엇인가요?

_____

4 책을 읽고 어떤 생각을 했나요?

_____

'책에서 꼭 기억하고 싶은 것'을 주제로 독서 감상문을 써요.

읽은 책	
제목	

_____

_____

_____

_____

_____

_____

_____

_____

이 책을 고른
이유을 잊지마!

_____

_____

→ 정답 및 예시 답안 | 13쪽

실전

25일

새롭게 알게 된 점은?

비법 과학 지식책은 지구나 우주, 동물이나 식물, 환경 등을 설명하는 책이에요. 책을 읽은 후에 특별히 신기했거나 새롭게 알게 된 사실을 독서 감상문으로 써요. 궁금하거나 더 알아보고 싶은 부분을 써도 좋아요.

예시

요리조리 신기한 우리 몸

　요즘 몸에 대해 궁금한 점이 많다. 그래서 우리 몸에 대한 과학 책을 찾아서 읽었다.

　책에 몸속 모습이 자세한 그림으로 나와 있어서 뼈와 근육, 혈관, 소화 기관의 모습을 확인할 수 있었다. 단단한 뼈의 한가운데에 스펀지처럼 부드러운 부분이 있는데 그것을 '골수'라고 한다는 사실을 새롭게 알게 되었다.

　내가 생각하고, 움직이고, 음식을 소화 시키는 등 몸에서 일어나는 모든 일은 정말 신비롭다. 이 모든 것을 뇌가 조종한다는 사실이 가장 신기하다. 다음에는 뇌에 대해 더 자세히 알 수 있는 책을 읽어 보고 싶다.

✏ 좋아하는 과학 지식책을 읽고, 아래 질문에 답을 쓰세요.

1　책을 읽고 새롭게 알게 된 사실은 무엇인가요?

_____

2　새롭게 알게 된 점 중 특히 신기한 것은 무엇인가요?

_____

3　더 알아보고 싶은 점은 무엇인가요?

_____

4　책을 읽고 어떤 느낌이 들었나요?

_____

'새롭게 알게 된 점'을 주제로 독서 감상문을 써요.

읽은 책	
제목	

궁금한 것이 더 있다면 함께 써 봐!

관찰 기록문 / 물건

감각을 이용하여 물건 살펴보기

비법 물건의 특징을 관찰한 관찰 기록문을 쓸 때 감각을 이용하여 관찰한 내용을 구체적으로 쓰면 좋아요. 이때 꾸며 주는 말을 넣어 쓰면 대상의 특징을 더 생생하게 설명할 수 있어요.

예시

예쁜 나의 새 신발

어제 아빠가 사 주신 새 운동화를 자세히 관찰해 보았다.

운동화 사이즈는 내 발에 꼭 맞는 200밀리미터이다. 색깔은 흰색이고, 보라색 신발 끈이 묶여 있다. 앞부분에는 은색 반짝이가 달려 있고, 옆 부분에는 하늘색 별이 예쁘게 박혀 있다. 천이 두툼해서 만지면 부드럽고, 잘 늘어난다. 바닥은 두꺼운 하얀색 고무로 되어 있어서 잘 미끄러지지 않고, 신발을 신으면 폭신한 느낌이 든다.

신발을 자세히 보면 볼수록 더 예쁘고 소중하게 느껴졌다. 새 신발이 더러워지지 않도록 아껴 신을 것이다.

✏️ 한 가지 물건을 자세히 관찰하고, 아래 질문에 답을 쓰세요.

1 어떤 물건을 관찰했나요?

2 그 물건의 생김새는 어떠한가요?

3 감각을 이용해 관찰한 느낌은 어떠한가요?

4 관찰을 하며 어떤 생각이 들었나요?

감각을 이용하여 물건을 자세히 관찰한 내용을 담아 관찰 기록문을 써요.

관찰 대상	
제목	

관찰한 내용을
재미있게 써 봐!

→ 정답 및 예시 답안 | 14쪽

관찰 기록문 / 자연물

자연물을 자세히 들여다보기

비법 자연물을 소재로 관찰 기록문을 쓸 때에는 색깔, 모양, 크기 등의 생김새가 어떠한지 자세히 관찰하여 써요. 돋보기로 세밀한 부분을 살펴보며 특징을 그려 두면 상세히 묘사한 관찰 기록문을 쓸 수 있어요.

예시

작고 소중한 돌멩이

지난주에 바다에 놀러 갔을 때 해변에서 주워 온 작은 돌멩이를 관찰했다.

돌멩이의 크기는 내 엄지손가락 크기만 하다. 이 돌멩이는 뾰족한 부분이 한 군데도 없고, 둥글고 매끄럽다. 또 완전한 하트 모양은 아니지만 하트 모양과 비슷하게 생겼다. 표면을 자세히 들여다보니 아주 작은 구멍이 6개 정도 뚫려 있었다. 돌멩이의 색깔은 전체적으로 보면 흐린 회색인데, 자세히 보면 흰색과 진한 회색이 섞여 있다. 돌멩이를 만지면 딱딱하지만 부드러운 느낌이 든다.

다음에 바다에 놀러 가면 이렇게 예쁜 돌멩이를 또 주워 오고 싶다.

✎ 한 가지 자연물을 자세히 관찰하고, 아래 질문에 답을 쓰세요.

1 어떤 자연물을 관찰했나요?

2 색깔, 모양, 크기는 어떠한가요?

3 자세히 들여다보면 무엇이 보이나요?

4 이 자연물만의 독특한 특징은 무엇인가요?

자연물의 세밀한 부분을 자세히 관찰한 내용을 담아 관찰 기록문을 써요.

관찰 대상	
제목	

_____

_____

_____

_____

_____

_____

_____

_____

_____

자세히 보면
새로운 걸 발견할
수 있어!

_____

_____

→ 정답 및 예시 답안 | 15쪽

관찰 기록문 / 음식

음식을 구체적으로 설명하기

> **비법** 음식을 소재로 관찰 기록문을 쓸 때에는 음식의 냄새와 맛, 만졌을 때의 느낌을 써요. 음식의 겉모습은 어떠하고, 음식을 잘랐을 때 속은 어떻게 생겼는지 차이점을 자세히 쓰면 생생하게 표현할 수 있어요.

⊕ 예시

바삭바삭한 맛있는 치킨

　오늘 저녁에 치킨을 먹으면서 치킨을 자세히 관찰했다.

　갓 튀겨진 치킨에서 구수한 기름 냄새가 났다. 색깔은 황금처럼 누런 빛깔이고, 바삭바삭한 튀김옷이 붙어 있다. 치킨을 한입 크게 베어 물면 튀김옷 안쪽으로 잘 익은 하얀 속살이 보인다. 속살은 쫄깃쫄깃하고 부드럽다. 첫맛은 짭짤하지만, 여러 번 꼭꼭 씹으면 담백한 맛이 느껴진다. 치킨은 기름에 튀긴 음식이라 손으로 만지면 기름이 많이 묻는다. 튀김옷을 만지면 거칠거칠한 느낌이고, 속살은 맨들맨들하다.

　치킨을 관찰하며 먹었더니 치킨이 더 맛있게 느껴졌다. 치킨을 자주 먹고 싶다.

✏️ 좋아하는 음식을 관찰하고, 아래 질문에 답을 쓰세요.

1　음식의 생김새는 어떠한가요?

2　음식에서 어떤 냄새가 나나요?

3　음식을 먹으면 무슨 맛이 나나요?

4　음식을 만지면 어떤 느낌이 드나요?

좋아하는 음식을 구체적으로 관찰한 내용을 담아 관찰 기록문을 써요.

관찰 대상	
제목	

_____

_____

_____

_____

_____

_____

_____

_____

눈을 감고 음식을 떠올려 봐!

→ 정답 및 예시 답안 | 15쪽

관찰 기록문 / 얼굴

얼굴을 꼼꼼히 살펴보기

비법 누구의 얼굴을 살펴볼지 정한 다음, 그 사람의 이마부터 눈썹, 눈, 코, 입을 자세히 관찰해요. 관찰한 모습을 쓸 때 꾸며 주는 말을 사용하거나 빗대어 쓰면 생김새를 더욱 실감 나게 표현할 수 있어요.

✚ 예시

우리 엄마

　내가 가장 사랑하는 엄마의 얼굴을 자세히 관찰했다.

　엄마는 볼살이 통통하고 피부색이 하얗다. 이마는 넓고 반듯하다. 눈썹은 반달처럼 예쁜 모양이고, 눈썹 바로 위에 작은 점이 하나 있다. 눈에는 얇은 쌍꺼풀이 있고, 눈동자는 까맣다. 코는 조금 낮고 둥글다. 동글처럼 작고 검은 콧구멍 속으로 코털이 살짝 보인다. 윗입술은 얇고 아랫입술은 도톰한 편이다. 얼굴을 만져 보면 보드랍다.

　엄마의 얼굴을 꼼꼼히 살펴보니 전체적으로 볼 때랑 느낌이 달라서 신기했다.

✎ 좋아하는 사람을 관찰하고, 아래 질문에 답을 쓰세요.

1　얼굴의 모양과 피부색은 어떠한가요?

_____

2　머리 모양과 길이, 색깔은 어떠한가요?

_____

3　눈, 코, 입의 생김새는 어떠한가요?

_____

4　얼굴을 만지면 어떤 느낌이 드나요?

_____

관찰 대상	
제목	

얼굴의 점까지도
꼼꼼히 봐!

실전

30일

관찰 기록문 / 장소

잘 아는 장소를 다시 보기

비법 평소에 자주 가는 장소를 자세히 관찰하면 몰랐던 사실을 새롭게 알게 돼요. 문방구, 놀이터, 편의점 등 자주 가는 장소에서 볼 수 있는 것과 내가 가장 좋아하는 점, 관찰하다가 드는 생각을 함께 쓰면 좋아요.

예시

우리 집의 구석구석

우리 가족은 내일 이사를 한다. 그래서 태어나서 지금까지 살았던 집을 관찰했다.

우리 집에는 거실과 부엌, 화장실 1개, 방이 3개 있다. 집에 들어가면 가장 먼저 거실이 보인다. 거실에는 책장과 폭신한 소파가 있고, 책장 왼쪽에 커다란 화분이 있다.

방 중에서 내가 가장 좋아하는 방은 언니와 함께 자는 방이다. 그 이유는 그 방에 작은 벽장이 있는데, 언니와 숨바꼭질을 할 때 벽장 속에 숨을 수 있어서 좋았기 때문이다.

우리 집의 구석구석을 살펴보니 이 집을 떠나기가 아쉽다. 이사 가면 새집도 자세히 관찰해 봐야겠다.

✎ 내가 잘 아는 장소를 관찰하고, 아래 질문에 답을 쓰세요.

1 장소에 무엇이 있나요?

_____

2 그 장소가 가진 눈에 띄는 특징은 무엇인가요?

_____

3 그 장소에서 좋아하는 것은 무엇이고, 그 까닭은 무엇인가요?

_____

4 장소를 관찰한 후 어떤 느낌이 들었나요?

_____

72

잘 아는 장소를 자세히 관찰한 내용을 담아 관찰 기록문을 써요.

관찰 대상	
제목	

관찰한 후의
느낌도 적어 봐!

실전
31일

상태의 변화를 관찰하기

비법 식물을 키우면 시간이 흐르면서 변하는 모습을 관찰할 수 있어요. 관찰을 시작했을 때 어떤 상태인지 쓰고, 며칠이 지난 후에 어떻게 변했는지를 써요. 관찰하면서 기대되는 점도 함께 쓰면 좋아요.

예시

강낭콩 관찰 일지

＊ 5월 1일 강낭콩 관찰 시작

강낭콩의 색깔은 갈색과 붉은색의 중간 정도이다. 모양은 길쭉하고 동그랗다. 콩의 길이를 재어 보니 1.5 센티미터 정도 되었다. 작은 화분에 흙을 담고 강낭콩을 심은 후 물을 주었다.

＊ 5월 13일 귀여운 새싹이 나타남

강낭콩 껍질이 벗겨지면서 연두색 새싹이 나왔다. 흙 위로 올라온 줄기의 길이는 2센티미터 정도 되었다. 강낭콩의 줄기가 얼마나 더 길어지고, 잎은 얼마나 커질지 기대된다.

✎ 시간에 따라 변하는 대상을 관찰하고, 아래 질문에 답을 쓰세요.

1 무엇을 관찰하기로 했고, 지금의 상태는 어떠한가요?

2 관찰할 식물을 어떻게 두었나요?

3 며칠이 지난 후 상태가 어떻게 달라졌나요?

4 궁금한 점이나 기대되는 점이 있나요?

시간에 따라 변하는 모습을 관찰한 내용을 담아 관찰 기록문을 써요.

관찰 대상		관찰 기간	
제목			

_____

_____

_____

_____

_____

_____

_____

_____

달라진 모습을 그림으로 그려도 좋아!

→ 정답 및 예시 답안 | 17쪽

실전

32일

설명하는 글 / 공휴일

공휴일의 특징

비법 공휴일은 나라에서 다 함께 쉬기로 정한 날이에요. 공휴일을 설명하는 글을 쓸 때 공휴일마다 서로 다른 특징을 나열하여 쓰면 좋아요. 인터넷이나 책에서 관련 정보를 찾아 쓰면 더욱 자세히 설명할 수 있어요.

예시

우리나라의 최대 명절, 설날

설날은 옛날부터 지금까지 이어져 오는 우리나라의 최대 명절로, 여러 가지 특징이 있다.

첫째, 새해를 맞이하는 첫날인 설날에는 한복을 입고, 조상들께 차례를 지낸다.

둘째, 가족과 친척들이 한자리에 모여 새해 인사를 나누고, 웃어른께 세배를 드린다.

셋째, 옛날부터 설날에는 떡국을 먹는 풍습이 있다.

넷째, 연날리기, 윷놀이 등의 전통 놀이를 한다.

설날은 이렇게 온 가족이 모여 즐거운 시간을 보내고, 새해에도 건강하고 행복하기를 바라는 명절이다.

좋아하는 공휴일에 대하여 아래 질문에 답을 쓰세요.

1 그 공휴일은 언제이고, 무슨 날인가요?

2 그 공휴일의 가장 대표적인 특징은 무엇인가요?

3 그 공휴일이 되면 사람들은 무엇을 하나요?

4 그 공휴일에 어떤 의미가 있나요?

설명할 공휴일	
제목	

_____

_____

_____

_____

_____

_____

_____

_____

_____

가장 좋아하는
공휴일을 골라!

실전

33일

설명하는 글 / 장소

학교에서 가장 좋아하는 장소

비법 학교에는 교실, 강당, 과학실, 컴퓨터실 등 여러 장소가 있어요. 학교에서 가장 좋아하는 장소를 설명하는 글을 쓸 때 위치와 특징, 그 장소를 이용할 때의 주의할 점 등을 설명하면 좋아요.

예시

우리 학교 도서실

도서실은 학생들이 볼 수 있는 책을 모아 놓은 곳으로, 학생들은 그 자리에서 책을 읽거나 빌릴 수 있다. 우리 학교 도서실의 위치는 본관 1층 오른쪽 제일 끝이다. 우리 학교 도서실의 좋은 점은 학년별 권장 도서, 신간 도서, 인기 도서 책장이 따로 있어서 원하는 책을 쉽게 찾을 수 있다는 것이다.

도서실을 이용할 때 주의할 점은 도서실에서 떠들거나 뛰면 안 되는 것, 책을 찢거나 더럽히면 안 되는 것, 책을 빌리면 반납 날짜를 잘 지켜야 하는 것이다.

도서실에서 주의할 점을 잘 지키면 모두가 편리하게 도서실을 이용할 수 있다.

🖊 학교에서 좋아하는 장소에 대하여 아래 질문에 답을 쓰세요.

1 그곳은 무엇을 하는 곳인가요?

_____

2 그곳의 위치는 어디인가요?

_____

3 그곳의 좋은 점 또는 나쁜 점은 무엇인가요?

_____

4 그곳을 이용할 때 주의할 점 또는 지켜야 할 점이 있나요?

설명할 장소	
제목	

_____

_____

_____

_____

_____

_____

_____

_____

장소만의 특별한
점을 생각해 봐!

→ 정답 및 예시 답안 | 18쪽

실전
34일

설명하는 글 / 동물

내가 좋아하는 동물

비법 동물을 설명할 때에는 구체적인 예를 들어 설명할 수 있어요. 만약 개를 설명하는 글을 쓴다면 개의 종류, 개의 능력에 대하여 중심 문장을 쓰고, 그 내용을 뒷받침하는 사실을 예를 들어 설명해요.

🔧 예시

고양이의 능력

고양이는 종류에 따라 생김새와 이름이 다르다. 예를 들어 러시안 블루, 페르시안, 샴고양이는 모두 몸집, 털색, 무늬가 다르다. 하지만 공통적인 특징이 있다. 고양이는 높은 곳을 뛰어오를 수 있고, 높은 곳에서 아래로 점프도 잘한다. 고양이의 꼬리가 좁은 곳을 걷거나 뛰어내릴 때 균형을 잡아 주기 때문이다.

꼬리의 움직임으로 고양이의 마음도 읽을 수 있다. 예를 들어 고양이가 꼬리를 세우고 부르르 떨면 기쁘다는 뜻이다. 반면에 곧게 세운 꼬리의 털이 부풀어 오르면 예민한 상태라는 뜻이다. 이처럼 고양이에게는 여러 능력과 특별한 점이 있다.

✏️ 좋아하는 동물에 대하여 아래 질문에 답을 쓰세요.

1 동물의 어떤 점을 설명하고 싶나요?

_____

2 그 동물의 종류에는 무엇이 있나요?

_____

3 그 동물에게 어떤 특별한 점이 있나요?

_____

4 동물의 특징을 설명할 때 구체적인 예를 들어 본다면?

_____

좋아하는 동물의 특징을 예를 들어 설명하는 글을 써요.

설명할 동물	
제목	

특징을 다양하게
생각해 봐!

→ 정답 및 예시 답안 | 18쪽

실전

35일

설명하는 글 / 직업

두 직업의 공통점과 차이점

비법 어떤 직업을 설명하는 글을 쓸 때 다른 직업과 비교하거나 대조하여 쓸 수 있어요. 두 직업의 공통점과 차이점이 무엇인지 비교·대조하여 설명하면 직업의 특징을 쉽게 알 수 있어요.

예시

의사와 간호사

의사와 간호사는 모두 병원에서 일하는 직업이다. 두 직업은 공통점과 차이점이 있다.

의사는 환자의 병을 진단하고 치료하는 일을 하는 사람이다. 반면에 간호사는 의사가 진료할 때 옆에서 도와주고, 아픈 환자들을 돌봐 주는 역할을 한다.

의사가 되려면 정해진 공부를 마치고 나라에서 시행하는 의사 시험에 합격한 후 의사 면허를 받아야 한다. 간호사가 되는 과정도 이와 비슷하지만, 시험과 자격증의 종류가 다르다.

의사와 간호사가 되려면 이러한 자격을 갖춰야 하지만, 무엇보다 필요한 것은 환자를 위하는 마음이다.

✎ 두 직업의 공통점과 차이점에 대하여 아래 질문에 답을 쓰세요.

1 설명할 두 직업은 무엇인가요?

---

2 두 직업의 공통점은 무엇인가요?

---

3 두 직업의 차이점은 무엇인가요?

---

4 두 직업을 가진 사람들이 공통적으로 가져야 하는 마음은 무엇인가요?

설명할 직업	
제목	

_____

_____

_____

_____

_____

_____

_____

_____

_____

_____

비슷한 직업을
고르면 설명하기
쉬워!

_____

실전

36일

유명한 말로 설명하기

비법 유명한 말을 인용하여 글을 쓰면 읽는 사람의 흥미를 끌 수 있어요. 잘하는 운동 중 하나를 골라 운동하는 방법을 설명해 보세요. 이때 관용 표현, 속담 등을 써서 설명하면 어려운 내용도 쉽게 이해할 수 있어요.

예시

스케이트를 타는 방법

 빙상용 스케이트를 타는 방법은 다음과 같다.

 먼저 발이 아프지 않도록 도톰한 양말을 신고 발에 잘 맞는 스케이트를 신는다. 헬멧을 꼭 쓰고, 방수 장갑과 무릎 보호대를 착용한다. 얼음 위에서 균형을 잡으려면 몸을 앞쪽으로 살짝 기울이고, 무릎을 조금 굽히면 좋다. 넘어질 것 같으면 무릎을 더 굽히고 엉덩이를 살짝 빼서 앉는 자세를 취하면 된다.

 "구슬이 서 말이라도 꿰어야 보배"라는 말처럼 재능을 갖고 있더라도 연습을 해야 실력이 늘기 때문에 힘들어도 꾸준히 연습해야 한다.

✎ 잘하는 운동에 대하여 아래 질문에 답을 쓰세요.

1 그 운동을 할 때 알아야 하는 규칙은 무엇인가요?

_____

2 그 운동을 잘하려면 어떤 기술을 배워야 하나요?

_____

3 그 운동을 설명할 때 인용하고 싶은 말은 무엇인가요?

_____

4 그 운동을 배우면 좋은 점은 무엇인가요?

_____

유명한 말을 인용하여 잘하는 운동을 설명하는 글을 써요.

설명할 운동	
제목	

_____

_____

_____

_____

_____

_____

_____

_____

운동했던 경험을
떠올려 봐!

_____

_____

→ 정답 및 예시 답안 | 19쪽

주장하는 글 / 습관

좋은 습관을 가져요

비법 학생이 가져야 하는 좋은 습관 중 하나를 골라서 그 습관을 갖자고 주장하는 글을 써 보세요. 주장하는 글을 쓸 때에는 주장을 뒷받침하는 타당한 이유가 중요해요. 습관을 갖는 것이 왜 필요한지 이유를 반드시 써요.

예시

매일 공부하는 습관을 갖자.

학생들은 매일 공부하는 습관을 갖는 것이 중요하다.

그 이유는 첫째, 공부는 매일 조금씩 하는 것이 효과적이다. 공부를 몰아서 하면 양이 많아서 힘들지만, 매일 나눠서 하면 양이 적어서 금세 끝낼 수 있다.

둘째, 오늘 배운 내용을 바로 복습하면 기억에 오래 남는다. 다음 날 배울 내용도 예습하면 학교에서 배울 때 더 쉽게 이해할 수 있다.

마지막으로 매일 공부하면 성적이 오를 수 있다. 그러므로 매일 공부하는 습관을 갖자.

어떤 습관을 갖자고 주장하기 위한 아래 질문에 답을 쓰세요.

1 어떤 습관을 갖자고 주장하고 싶은가요?

_____

2 그 습관을 가지면 어떤 점이 좋은가요?

_____

3 그 습관을 갖지 않으면 어떤 문제가 생길 수 있나요?

_____

4 그 습관을 갖자는 주장을 어떤 말로 강조하고 싶나요?

_____

어떠한 좋은 습관을 갖자고 주장하는 글을 써요.

제목	

나의 좋은 습관을
소재로 해도 좋아!

→ 정답 및 예시 답안 | 20쪽

실전
38일

주장하는 글 / 새 물건

새 물건을 사 주세요

비법 어떤 물건이 필요하다고 말할 때에는 그 물건이 필요한 타당한 이유를 많이 들수록 부모님을 설득하기 쉬워요. 또 그 물건이 없으면 어떤 문제가 생길 수 있는지를 밝히면 더욱 좋아요.

예시

새 필통이 필요합니다.

제가 1학년 때 로봇을 좋아해서 로봇이 그려진 필통을 사 주셨지만, 저는 지금 로봇을 좋아하지 않습니다. 제 친구들 중에도 로봇을 좋아하는 친구는 없습니다.

캐릭터나 그림이 그려진 필통은 금세 질립니다. 그림이 없고 무늬가 복잡하지 않은 필통을 사 주신다면 싫증나지 않고 오래 사용할 수 있을 것입니다.

그림이 없는 깔끔한 천 필통을 사 주시면 초등학교를 졸업할 때까지 오랫동안 깨끗이 사용하겠습니다. 새 필통을 사 주시면 좋겠습니다.

✏️ 어떤 물건을 사 달라고 주장하기 위한 아래 질문에 답을 쓰세요.

1 필요한 물건은 무엇이고, 그 물건이 필요한 가장 큰 이유는 무엇인가요?

_____

2 그 물건이 필요한 두 번째 이유는 무엇인가요?

_____

3 새 물건을 사지 않으면 어떤 문제가 생기나요?

_____

4 새 물건이 생기면 어떻게 사용할 생각인가요?

_____

제목	

_____

_____

_____

_____

_____

_____

_____

_____

_____

타당한 이유를
많이 들수록 좋아!

주장하는 글 / 노는 시간

노는 시간이 있어야 해요

비법 문제 상황에 대하여 의견을 주장할 때에는 그 문제를 어떻게 해결하면 좋은지를 함께 말해야 해요. 노는 시간이 더 필요하다고 주장하려면 노는 시간을 늘리기 위한 해결 방법을 밝혀야 설득하기 쉬워요.

예시

노는 시간이 더 필요합니다.

어린이들에게 노는 시간은 꼭 필요합니다.

요즘 초등학생들은 하루에 1시간도 채 놀지 못한다고 합니다. 하루에 학원을 세 군데 가는 아이들도 있습니다. 노는 시간이 부족해서 바깥에 나가지 못하고 스마트폰을 보는 경우가 많습니다. 어린이는 바깥에서 뛰어 놀아야 몸과 마음이 더욱 건강하게 자랍니다. 하루에 노는 시간이 1시간도 안 된다면 학원을 줄여서 놀 수 있는 시간을 만들어 주어야 합니다.

어린이가 건강하게 자랄 수 있도록 노는 시간을 많이 주어야 합니다.

✏️ 노는 시간이 있어야 한다고 주장하기 위한 아래 질문에 답을 쓰세요.

1 하교 후 노는 시간이 보통 얼마나 되나요?

_____

2 하루 중 노는 시간이 어느 정도 되어야 한다고 생각하나요?

_____

3 노는 시간이 부족해서 생기는 문제는 무엇인가요?

_____

4 노는 시간을 늘리기 위해 할 수 있는 방법은 무엇일까요?

_____

어린이에게 노는 시간이 있어야 한다고 주장하는 글을 써요.

제목	

다양한
해결 방법을
생각해 봐!

→ 정답 및 예시 답안 | 21쪽

실전

40일

주장하는 글 / 스마트폰

초등학생에게 스마트폰이 필요할까?

비법 초등학생의 스마트폰 필요성에 대해 사람마다 생각이 달라요. 자신은 어떻게 생각하는지 의견을 정리해서 '~라고 생각한다.'라는 중심 문장을 쓰고, 타당한 근거를 들면 나와 다른 의견을 가진 사람을 설득할 수 있어요.

예시

초등학생은 스마트폰이 필요하지 않다.

나는 초등학생에게 스마트폰이 필요 없다고 생각한다.

스마트폰은 다른 사람과 연락하거나 밖에서 인터넷을 사용하여 일을 할 때 필요한 물건이다. 하지만 어린이들은 게임을 하기 위해 스마트폰을 사용하는 경우가 많다. 어릴 때부터 스마트폰을 많이 보면 눈이 나빠지고, 생각하는 능력과 집중력, 기억력이 약해진다. 친구들이 모두 스마트폰을 가지고 있다고 해서 꼭 가져야 하는 것은 아니다.

초등학생 때에는 스마트폰을 갖지 않는 것이 올바른 선택이라고 생각한다.

✏️ 초등학생의 스마트폰 필요성을 주장하기 위한 아래 질문에 답을 쓰세요.

1 초등학생에게 스마트폰이 필요하다고 생각하나요?

_____

2 그렇게 생각하는 이유는 무엇인가요?

_____

3 나와 반대로 생각하는 사람을 설득할 수 있는 근거는 무엇인가요?

_____

4 나의 의견을 강조하기 위해 마지막으로 하고 싶은 말은 무엇인가요?

_____

제목

어느 주장이든
근거가 중요해!

실전

41일

주장하는 글 / 슬리퍼 착용

집 안에서 슬리퍼를 신어요

비법 집 안에서 슬리퍼를 신으면 좋은 점을 생각하여 슬리퍼를 신자고 주장하는 글을 써 보세요. 슬리퍼를 신어서 좋았던 경험이나 층간 소음을 겪었던 일을 예로 들면 주장을 효과적으로 뒷받침할 수 있어요.

예시

집에서도 슬리퍼를 신자.

집 안에서 슬리퍼를 신어야 하는 여러 가지 이유가 있다.

첫째, 층간 소음을 줄이기 위해 집 안에서 슬리퍼를 신어야 한다. 슬리퍼를 신지 않으면 층간 소음 때문에 이웃 간에 문제가 생길 수 있다. 특히 아파트에서 사람들이 슬리퍼를 신으면 층간 소음 때문에 일어나는 싸움이 줄어들 것이다.

둘째, 슬리퍼의 바닥이 폭신하고 두툼해서 걸을 때 발바닥을 보호해 준다.

슬리퍼는 층간 소음을 줄여 주고, 걸을 때 편안함을 주기 때문에 집 안에서도 신는 것이 좋다.

집 안에서 슬리퍼를 신어야 한다고 주장하기 위한 아래 질문에 답을 쓰세요.

1 슬리퍼를 신어야 한다고 생각하는 이유는 무엇인가요?

_____

2 집 안에서 슬리퍼를 신으면 좋은 점은 무엇인가요?

_____

3 슬리퍼의 필요성을 느꼈던 경험이 있나요?

_____

4 집 안에서 신기 좋은 슬리퍼는 무엇이 있나요?

_____

집 안에서 슬리퍼를 신어야 한다고 주장하는 글을 써요.

제목	

실제 경험을
이유로 써 봐!

기행문 / 여행

여행을 다녀와서

비법 기행문은 여행을 다녀와서 보고, 듣고, 느낀 일을 적은 글이에요. 여행에서 있었던 일을 쓸 때에는 시간의 흐름에 따라 '먼저', '그다음에' 또는 '아침에', '점심에'와 같이 시간을 나타내는 말을 넣어 쓰면 좋아요.

🔧 예시

케이블카를 타고 남산을 다녀오다!

　지난 가을에 우리 가족은 서울에 있는 남산의 단풍을 구경하려고 남산 케이블카를 타러 갔다.
　아침에 도착했는데 케이블카를 타기 위해 기다리는 줄이 꽤 길었다. 남산 케이블카는 1962년에 운행을 시작했다고 한다. 편도 운행 시간은 약 3분으로 짧지만, 두 대만 운영하기 때문에 기다리는 시간이 꽤 길다고 했다. 출발할 때 덜커덩거려서 잠시 눈을 감았다 뜨니 케이블카가 가파르게 남산 위를 올라가고 있었다. 주변으로 울긋불긋하게 단풍 든 모습이 아름다웠다. 케이블카에서 내려 계단을 조금 오르자 서울타워가 보였다. 서울타워에서 내려다본 서울의 경치가 참 멋졌다.

✏️ 다녀왔던 여행에 대하여 아래 질문에 답을 쓰세요.

1　언제, 어디에 다녀왔나요?

_____

2　여행에서 무슨 생각을 했나요?

_____

3　여행 중에 가장 기억에 남는 것은 무엇인가요?

_____

4　여행을 다녀온 후 어떤 느낌이 들었나요?

_____

여행을 다녀왔던 일을 떠올려 기행문을 써요.

제목	

다시 가고 싶은
여행을 떠올려 봐!

→ 정답 및 예시 답안 | 22쪽

실전

43일

박물관에 다녀와서

비법 박물관에 다녀와서 기행문을 쓸 때에는 박물관에 간 목적을 쓰고, 이동한 장소에 따라 보고 들은 내용 중 특히 기억에 남는 것을 생생히 기록해요. 그리고 마지막에는 박물관에 대한 전체적인 감상을 쓰면 좋아요.

예시

국립중앙박물관에 다녀와서

여름 방학을 맞이해서 역사 공부를 하기 위해 엄마와 국립중앙박물관에 다녀왔다.

국립중앙박물관에는 구석기 시대부터 대한제국 시대까지 시대별로 전시관이 나누어져 있었다. 우리는 선사·고대관부터 순서대로 둘러보았다.

내가 가장 좋았던 전시실은 신라실이었다. '흙으로 빚은 인형'이라는 뜻의 토우가 가장 기억에 남는데, 옛사람들이 손으로 만든 그 작은 흙 인형들이 오랜 시간이 지난 지금까지 보존되었다는 사실이 놀라웠다.

국립중앙박물관 전체가 우리나라의 역사와 문화라는 생각이 들었다.

✎ 박물관에 다녀왔던 일에 대하여 아래 질문에 답을 쓰세요.

1 언제, 어느 박물관에 다녀왔나요?

_____

2 박물관에서 어느 장소들을 이동하며 구경했나요?

_____

3 박물관에서 본 것 중 가장 흥미로웠던 것은 무엇인가요?

_____

4 박물관에 다녀온 후 어떤 생각이 들었나요?

_____

박물관에 다녀왔던 일을 떠올려 기행문을 써요.

제목	

박물관에서 본
것을 떠올려 봐!

→ 정답 및 예시 답안 | 23쪽

내가 다니는 학원을 광고하기

비법 광고 글은 어떤 대상의 정보를 알려 주며 설득하는 글이에요. 자신이 다니는 학원을 광고하는 글을 써 보세요. 그 학원의 자랑할 만한 점을 짧고 간결하게 써서 친구가 학원에 다니고 싶은 마음이 들도록 해요.

예시

'꿈꾸는 피아노'에 오세요!

따분하고 재미없는 피아노 레슨은 이제 그만!

'꿈꾸는 피아노'는 한별초등학교 바로 앞 상가 1층에 있어요.

친절하고 유쾌한 선생님이 아이들의 수준과 특성에 맞춰 꼼꼼하고 체계적으로 지도합니다.

악보를 보는 이론 공부, 연주 지도, 개인 연습 시간으로 기초를 탄탄히 다집니다.

연 2회 '꿈꾸는 피아노 연주회'에서 수강생 모두 무대에 서는 기회도 가집니다.

음악을 통해 아이들은 꿈꾸고 행복해집니다. '꿈꾸는 피아노'에 오세요!

광고할 내용을 떠올려 아래 질문에 답을 쓰세요.

1 광고하고 싶은 학원에서 무엇을 배우나요?

2 그 학원의 좋은 점은 무엇인가요?

3 선생님에 대해 자랑할 점은 무엇인가요?

4 그 학원을 다니면 어떤 효과가 있나요?

학원의 좋은 점을 강조한 광고 글을 써요.

제목	

좋아하는 학원을
광고해 봐!

→ 정답 및 예시 답안 | 23쪽

광고 글 / 과자

새로 나온 과자를 광고하기

비법 어떤 제품을 광고할 때에는 보는 사람이 호기심을 가질 수 있도록 눈에 띄는 표현을 사용해요. 새로 나온 과자를 골라 광고 글을 써 보세요. 과자의 맛을 실감 나고 재미있는 표현으로 묘사하면 더욱 좋아요.

예시

세상에 이런 과자가!

세상에 없던 과자가 나타났다!

오븐에 구운 바삭한 파이 속에 초콜릿이 통째로 들어 있어요.

바삭한 파이를 한 입 깨물면 고소한 버터 향이 입속 가득 퍼져요.

거기서 끝이 아니에요. 뒤따라오는 부드러운 초콜릿의 맛에 깜짝 놀라요.

파이와 초콜릿의 놀라운 만남을 경험해 보고 싶나요?

'초파이'를 맛보고 행복을 느껴 보세요!

✎ 광고할 내용을 떠올려 아래 질문에 답을 쓰세요.

1　광고하고 싶은 과자가 특별히 맛있는 이유는 무엇인가요?

_____

2　과자의 주재료는 무엇이고 어떤 맛이 나나요?

_____

3　과자를 먹으면 어떤 기분이 드나요?

_____

4　과자의 맛을 재미있고 창의적으로 표현한다면?

_____

새로 나온 과자를 재미있게 소개하는 광고 글을 써요.

제목	

기발한 표현으로
소개해 봐!

→ 정답 및 예시 답안 | 24쪽

주제 글 / 쉬는 시간

쉬는 시간에 무엇을 할까?

비법 재미있는 주제에 대해 생각의 날개를 펼치며 자유롭게 글을 쓰면 글쓰기에 재미를 느낄 수 있어요. 학교에서 쉬는 시간을 보내는 방법은 무엇인가요? 쉬는 시간을 알차게 보내는 나만의 방법을 소개해요.

예시

내가 학교에서 쉬는 시간을 보내는 방법

쉬는 시간 종이 울리면 나는 제일 먼저 단짝 친구의 자리로 간다. 같이 서둘러 화장실에 다녀온 후에 보드게임을 하는 친구들 무리를 살펴본다.

요즘 우리가 가장 좋아하는 보드게임은 '젠가'이다. 젠가를 하는 아이들이 이미 많다면 그다음으로 우리가 좋아하는 '공기'가 남아 있는지 살펴본다. 놀 시간을 조금이라도 더 얻으려면 무엇을 할지 재빨리 정하는 것이 중요하다.

쉬는 시간은 짧기 때문에 늘 아쉽다. 그래도 나는 10분을 알차게 보내려고 노력한다.

학교에서 쉬는 시간을 보내는 방법에 대하여 아래 질문에 답을 쓰세요.

1 쉬는 시간 종이 울리면 가장 먼저 무엇을 하나요?

_____

2 그다음에는 무엇을 하나요?

_____

3 쉬는 시간이 끝나기 5분 전에 하는 일은 무엇인가요?

_____

4 쉬는 시간을 보낼 때 어떤 마음이 드나요?

_____

'학교에서 쉬는 시간을 보내는 방법'을 주제로 자유롭게 글을 써요.

제목	

수는 시간에 무얼
하는지 떠올려 봐!

실전 47일

해야 하지만 정말로 하기 싫은 일은?

비법 해야 하는 일 중에서 정말로 하기 싫은 일도 있어요. 가장 하기 싫은 일이 무엇인지 쓰고, 그 일이 싫은 까닭을 구체적으로 써 보세요. 어쩔 수 없이 해야 하는 일이 있을 때 글로 내 마음을 털어놓으면 좋아요.

예시

영어 학원은 정말 다니기 싫어!

내가 정말로 하기 싫은 일은 영어 학원에 가는 것이다.

나는 영어 학원을 엄청 싫어하지만 일주일에 세 번이나 가야 한다. 영어 학원이 정말 싫은 이유 중 하나는 공부가 어렵다는 것이다. 어려운 영어 책을 읽고 영어로 글도 써야 한다. 영어 학원이 싫은 두 번째 이유는 원어민 선생님의 질문에 틀리게 말할까 봐 조마조마한 것이다.

엄마는 영어 공부를 열심히 하면 영어 실력이 늘 것이라고 하셨다. 엄마 말씀대로 내가 영어를 잘하게 되는 날이 올까? 그런 날이 빨리 오면 좋겠다.

해야 하지만 정말 하기 싫은 일에 대하여 아래 질문에 답을 쓰세요.

1 내가 정말로 하기 싫은 일은 무엇인가요?

_____

2 그 일이 하기 싫은 가장 큰 이유는 무엇인가요?

_____

3 그 일이 하기 싫은 두 번째 이유는 무엇인가요?

_____

4 너무 싫지만 그 일을 해야 하는 이유는 무엇인가요?

_____

제목	

가장 하기
싫은 일을 한 가지
골라요!

주제 글 / 소중한 물건

가장 소중한 물건 세 가지는?

비법 만약 우리 집에 불이 나서 집에서 빨리 나와야 한다고 상상해 보세요. 딱 세 가지 물건만 챙겨서 나올 수 있다면 무엇을 선택할 것인가요? '첫째, 둘째, 셋째'를 써서 소중한 물건 세 가지를 소개해요.

예시

무슨 일이 있어도 포기할 수 없는 담요, 스마트폰, 앨범

만약 불이 나서 딱 세 가지 물건만 챙길 수 있다면, 나는 담요, 스마트폰, 앨범을 챙길 것이다.

첫째, 담요는 내가 아기였을 때부터 덮었던 것이기 때문에 나에게 가장 소중한 물건이다.

둘째, 스마트폰에는 친구들과 찍은 사진이 가득 들어 있어서 소중하다.

셋째, 앨범은 내가 태어났을 때부터 지금까지 찍은 사진들 중 잘 나온 사진들만 모아 놓은 것이다. 나의 추억이 앨범에 담겨 있으니 불에 타면 절대 안 된다.

우리 집에 불이 나지 않길 바라지만, 만약 불이 나면 이 세 가지는 꼭 챙겨 나올 것이다.

✏️ 소중한 세 가지 물건에 대하여 아래 질문에 답을 쓰세요.

1 제일 먼저 챙겨야 하는 가장 중요한 물건은 무엇이고, 그 이유는 무엇인가요?

_____

2 두 번째로 챙겨야 하는 중요한 물건은 무엇이고, 그 이유는 무엇인가요?

_____

3 세 번째로 챙겨야 하는 중요한 물건은 무엇이고, 그 이유는 무엇인가요?

_____

4 세 가지 물건을 고른 것을 후회하지 않을 것 같나요?

_____

'가장 소중한 내 물건 세 가지'를 주제로 자유롭게 글을 써요.

제목	

딱 세 가지만
골라 봐!

실전

49일

내가 자랑스러웠던 순간은?

비법 자신이 자랑스러웠던 순간은 언제인가요? 부모님이나 선생님께 칭찬을 받거나 상을 탔을 때 등 여러 순간이 있을 거예요. 가장 기억에 남는 순간을 떠올려 언제, 어디에서, 무슨 일이 있었는지 써 보세요.

⚙ 예시

내 자신이 자랑스러웠던 순간

얼마 전 국어 시간에 있었던 일이다. 우리는 소리가 비슷한 낱말들을 배우고 있었다.

선생님께서 칠판에 문장을 몇 개 적고 무엇이 맞는지 물어보셨다. '편지를 붙이다.', '편지를 부치다.', '문이 닫히다.', '문이 다치다.' 등 소리가 비슷해서 틀리기 쉬운 것들이었다. 나는 손을 번쩍 들고 큰 소리로 정답을 말했다. 선생님이 모두 맞았다고 하셨고, 친구들도 나를 보며 박수를 쳐 주었다. 아주 뿌듯했다.

그 이후로 친구들은 모르는 글자가 있으면 나에게 물어본다. 친구들의 질문에 답을 해 주는 내 자신이 정말 자랑스럽다.

✎ 자신이 자랑스러웠던 순간에 대하여 아래 질문에 답을 쓰세요.

1 언제, 어디에서 있었던 일인가요?

_____

2 무슨 일이 있었나요?

_____

3 그때 내가 무엇을 했나요?

_____

4 그 일을 겪으며 무슨 생각과 느낌이 들었나요?

_____

'자신이 자랑스러웠던 순간'을 주제로 자유롭게 글을 써요.

제목	

가장 뿌듯했던
기억을 떠올려 봐!

실전

50일

주제 글 / 주인공

이야기 속 주인공이 된다면?

비법 내가 이야기의 주인공이 되면 어떤 모습이든 될 수 있고, 무슨 일이든 할 수 있어요. 주인공이 된 내가 이야기에서 무슨 일을 겪고, 결국 어떻게 될지 이야기를 마음껏 상상해 보세요.

예시

내가 이야기 속 주인공이 된다면

만약 내가 이야기 속 주인공이 된다면 엄청 똑똑한 천재 발명가가 될 것이다.

발명가가 되어 가장 먼저 발명하는 기계는 우리 엄마가 갖고 싶어 하는 빨래 개는 기계이다. 하지만 그 기계는 너무 복잡하고 비싸서 처음에 잘 팔리지 않는다. 나는 고민을 거듭하며 기계를 조금씩 수정한다. 결국 처음 만들었을 때보다 가격이 저렴한 기계를 다시 발명한다.

그 기계는 사람들 사이에 소문이 나고, 많은 사람들이 모두 갖고 싶어 하는 기계가 된다. 발명가인 나는 기계를 많이 팔아 엄청난 부자가 된다. 그리고 새로운 발명품을 비밀리에 다시 만들기 시작할 것이다.

✎ 내가 주인공이 된 이야기를 상상하며 아래 질문에 답을 쓰세요.

1 나는 어떤 모습과 성격을 가진 주인공인가요?

_____

2 주인공이 된 내가 무슨 일을 겪나요?

_____

3 주인공인 나는 어떤 행동을 할까요?

_____

4 결국 나는 어떻게 되나요?

_____

'이야기 속 주인공이 된다면?'을 주제로 자유롭게 글을 써요.

제목	

내가 나오는 멋진 이야기를 써 봐!

관용 표현

간에 기별도 안 가다	먹은 것이 너무 적어 전혀 배부르지 않다.
	예 밥 대신 죽을 먹었더니 **간에 기별도 안 간다.**
골치를 앓다	어떻게 해야 할지 몰라서 생각에 몰두하다.
	예 퍼즐 한 조각을 못 찾아서 **골치를 앓고** 있었다.
국물도 없다	돌아오는 몫이나 이득이 없다.
	예 자꾸 이렇게 하면 이제는 **국물도 없다.**
귀가 가렵다	남이 자기에 대해 말을 한다고 느끼다.
	예 쟤네들 혹시 내 얘기하는 거 아닐까? 이상하게 **귀가 가렵네.**
그림의 떡	아무리 마음에 들어도 가질 수 없는 경우를 뜻하는 말.
	예 예쁜 원피스가 작아져서 **그림의 떡**이 되었다.
기가 차다	너무 어이가 없어 말이 나오지 않다.
	예 동생이 잘못을 했으면서 나에게 화를 내서 정말 **기가 찼다.**
낯이 있다	안면이 있다.
	예 저 친구와는 **낯이 있는** 사이이다.
눈에 밟히다	잊히지 않고 자꾸 생각나다.
	예 집에 혼자 있는 고양이가 **눈에 밟혀서** 빨리 집에 가고 싶다.
등을 돌리다	서로 싫어하여 멀리하다.
	예 우영이가 나에게 **등을 돌려서** 너무 속상해.
머리를 맞대다	어떤 일을 의논하거나 결정하기 위하여 서로 마주 대하다.
	예 어떻게 이 문제를 풀 수 있을지 **머리를 맞대고** 고민해 보자.
바가지를 쓰다	요금이나 물건값을 실제 가격보다 비싸게 지불하여 손해를 보다.
	예 여행지에서 **바가지를 쓴** 것이 기억난다.
바람을 넣다	남을 부추겨서 어떤 행동을 하려는 마음이 생기게 만들다.
	예 그 사람에게 자꾸 **바람을 넣지** 말아요.
배가 아프다	남이 잘되어 심술이 나다.
	예 동생만 칭찬을 받아서 **배가 아프다.**
빛을 보다	업적이나 보람이 드러나다.
	예 아빠의 노력이 **빛을 보니** 할아버지께서 행복해 하셨다.
손발이 맞다	함께 일을 하는 데 마음이나 의견이 서로 맞다.
	예 엄마와 아빠는 집안일을 할 때 **손발이 맞는다.**

손이 크다	돈이나 물건을 아끼지 않고 넉넉히 쓰다.
	예 할머니는 **손이 커서** 음식을 많이 차리신다.
시치미를 떼다	하지 않은 체하거나 알고 있으면서도 모르는 체하다.
	예 내 과자를 먹은 반려견 뭉치가 **시치미를 떼며** 나를 쳐다보았다.
어깨를 나란히 하다	서로 비슷한 지위나 힘을 가지다.
	예 내가 좋아하는 가수가 세계 유명 가수와 **어깨를 나란히 하게** 되었다.
입을 모으다	여러 사람이 같은 의견을 말하다.
	예 학교 앞의 건물을 공사한다고 하자 사람들이 **입을 모아** 반대했다.
주머니가 가볍다	가지고 있는 돈이 적다.
	예 요즘 용돈을 못 받아서 **주머니가 가볍다**.
진땀을 빼다	어떠한 일을 하느라고 몹시 애를 쓰다.
	예 밀린 숙제를 한꺼번에 하느라 **진땀을 뺐다**.
찬물을 끼얹다	잘되어 가고 있는 일을 트집 잡아 훼방을 놓다.
	예 파티에 초대하지 않은 사람이 나타나 **찬물을 끼얹고** 말았다.
파김치가 되다	몹시 지쳐서 기운이 없다.
	예 마라톤에 참가하고 온 수연이는 **파김치가 되어** 왔다.
팔을 걷어붙이다	어떤 일에 뛰어들어 적극적으로 행동하다.
	예 내 동생을 괴롭히는 사람이 있으면 내가 **팔을 걷어붙이고** 나설 것이다.
한술 더 뜨다	이미 잘못되어 있는 일에 대하여 더 엉뚱한 짓을 하다.
	예 하람이는 **한술 더 떠서** 나에게 화를 냈다.

사자성어

고진감래(苦盡甘來)	쓴 것이 다하면 단 것이 온다는 뜻으로, 고생 끝에 즐거운 일이 생김.
	예 **고진감래**라니 힘들어도 조금만 견디자.
금시초문(今始初聞)	바로 지금 처음 들음.
	예 일기 쓰기가 숙제였다고? **금시초문**인데…….
기고만장(氣高萬丈)	일이 뜻대로 이루어져 뽐내는 기세가 대단함.
	예 예진이는 상을 탄 이후로 **기고만장**하네.
다다익선(多多益善)	많으면 많을수록 더 좋음.
	예 음식은 **다다익선**이니 많이 주세요.
대기만성(大器晩成)	크게 될 사람은 늦게 성공하는 것을 이르는 말.
	예 네 동생은 분명히 **대기만성**할 테니 걱정하지 마.

무용지물(無用之物)	아무 데도 쓸모가 없는 물건이나 사람. ⑩ 인터넷이 안 되니까 핸드폰도 **무용지물**이네.
박장대소(拍掌大笑)	손뼉을 치며 크게 웃음. ⑩ 반장이 노래를 시작하자 아이들은 **박장대소**가 터졌다.
십시일반(十匙一飯)	여럿이 힘을 합하면 작은 힘으로도 큰 도움을 줄 수 있다는 말. ⑩ 우리 **십시일반**으로 불우 이웃 성금을 모으자.
십중팔구(十中八九)	거의 대부분이거나 틀림없음을 이르는 말. ⑩ 내 지우개를 가져간 사람은 **십중팔구** 내 동생이다.
어부지리(漁夫之利)	두 사람이 서로 싸우는 사이에 엉뚱한 사람이 가로챈 이익. ⑩ 1등과 2등이 같이 넘어져서 3등이 **어부지리**로 이겼다.
우왕좌왕(右往左往)	일이나 나아가는 방향을 결정하지 못함. ⑩ 만약 불이 나면 **우왕좌왕**하지 말고 질서를 지켜 대피합시다.
유비무환(有備無患)	미리 준비해 둔 것이 있으면 걱정할 것이 없음. ⑩ 지금은 날씨가 맑지만 **유비무환**의 자세로 우산을 준비했지.
일석이조(一石二鳥)	동시에 두 가지 이익을 봄. ⑩ 숙제를 열심히 해서 선생님께 칭찬받고 시험도 잘 봤으니 **일석이조**구나.
자업자득(自業自得)	자기가 저지른 일의 결과를 자기가 받음. ⑩ 복도에서 뛰지 말라고 했는데 넘어지다니, **자업자득**이야.
자화자찬(自畫自讚)	자기가 한 일을 스스로 자랑함을 이르는 말. ⑩ 샛별이는 작품을 소개하며 **자화자찬**을 늘어놓았다.
조삼모사(朝三暮四)	간사한 꾀로 남을 속여 희롱함. ⑩ 상품을 무료로 준다는 **조삼모사**의 말에 속으면 안 돼.
좌지우지(左之右之)	어떤 사람이나 일을 자기 뜻대로 이랬다저랬다 휘두르거나 다룸. ⑩ 언니가 자꾸 내 기분을 **좌지우지**하네.
지피지기(知彼知己)	적과 나에 대해 자세히 앎. ⑩ **지피지기**면 상대가 강해도 이길 수 있을 거야.
천차만별(千差萬別)	모든 사물들이 서로 다르고 차이가 있음. ⑩ 앞집에는 아이들이 넷인데, 넷 다 **천차만별**이구나.
팔방미인(八方美人)	모든 방향에서 보아도 아름다운 사람 또는 여러 분야에 뛰어난 사람. ⑩ 내 짝꿍은 공부도 잘하고 피아노도 잘 치고 운동도 잘하는 **팔방미인**이야.

초등 공부
시작부터
끝까지!

정답 및 예시 답안

문장 학습 +
글쓰기

2단계

초등 1~2학년

메가스터디BOOKS

정답 및 예시 답안

2 단계

초등 1~2학년

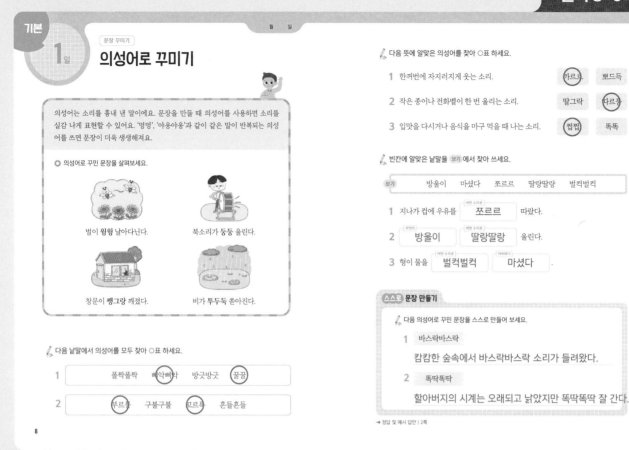

1일

문장 꾸미기

의성어로 꾸미기

의성어는 소리를 흉내 낸 말이에요. 문장을 만들 때 의성어를 사용하면 소리를 실감 나게 표현할 수 있어요. '멍멍', '야옹야옹'과 같이 같은 말이 반복되는 의성어를 쓰면 문장이 더욱 생생해져요.

○ 의성어로 꾸민 문장을 살펴보세요.

벌이 **윙윙** 날아다닌다.

북소리가 **둥둥** 울린다.

창문이 **쨍그랑** 깨졌다.

비가 **투두둑** 쏟아진다.

✏ 다음 낱말에서 의성어를 모두 찾아 ○표 하세요.

1 풀짝풀짝   (삐악삐악)   방긋방긋   (꿀꿀)

2 (부르릉)   구불구불   (드르륵)   흔들흔들

✏ 다음 뜻에 알맞은 의성어를 찾아 ○표 하세요.

1 한꺼번에 자지러지게 웃는 소리.   (까르르)   뽀드득

2 작은 종이나 전화벨이 한 번 울리는 소리.   딸그락   (따르릉)

3 입맛을 다시거나 음식을 마구 먹을 때 나는 소리.   (쩝쩝)   똑똑

✏ 빈칸에 알맞은 낱말을 보기 에서 찾아 쓰세요.

보기   방울이   마셨다   쪼르르   딸랑딸랑   벌컥벌컥

1 지나가 컵에 우유를   [쪼르르]   따랐다.

2 [방울이]   [딸랑딸랑]   울린다.

3 형이 물을   [벌컥벌컥]   [마셨다].

스스로 문장 만들기

✏ 다음 의성어로 꾸민 문장을 스스로 만들어 보세요.

1 바스락바스락
   캄캄한 숲속에서 바스락바스락 소리가 들려왔다.

2 똑딱똑딱
   할아버지의 시계는 오래되고 낡았지만 똑딱똑딱 잘 간다.

→ 정답 및 예시 답안 | 2쪽

8

9

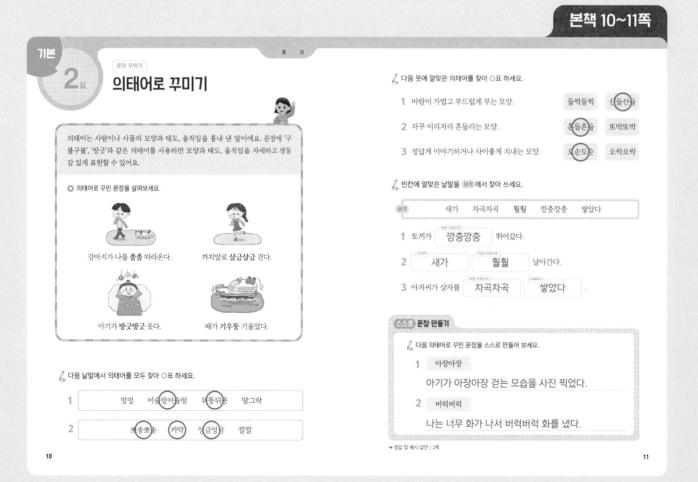

2일

문장 꾸미기

의태어로 꾸미기

의태어는 사람이나 사물의 모양과 태도, 움직임을 흉내 낸 말이에요. 문장에 '구불구불', '방긋'과 같은 의태어를 사용하면 모양과 태도, 움직임을 자세하고 생동감 있게 표현할 수 있어요.

○ 의태어로 꾸민 문장을 살펴보세요.

강아지가 나를 **졸졸** 따라온다.

까치발로 **살금살금** 걷는다.

아기가 **방긋방긋** 웃다.

배가 **기우뚱** 기울었다.

✏ 다음 낱말에서 의태어를 모두 찾아 ○표 하세요.

1 멍멍   (어슬렁어슬렁)   (뒤뚱뒤뚱)   딸그락

2 (뿌송뿌송)   (까딱)   (얼금얼금)   깔깔

✏ 다음 뜻에 알맞은 의태어를 찾아 ○표 하세요.

1 바람이 가볍고 부드럽게 부는 모양.   들썩들썩   (산들산들)

2 자꾸 이리저리 흔들리는 모양.   (흔들흔들)   또박또박

3 정답게 이야기하거나 사이좋게 지내는 모양.   (오순도순)   오싹오싹

✏ 빈칸에 알맞은 낱말을 보기 에서 찾아 쓰세요.

보기   새가   차곡차곡   훨훨   깡충깡충   쌓았다

1 토끼가   [깡충깡충]   뛰어갔다.

2 [새가]   [훨훨]   날아간다.

3 아저씨가 상자를   [차곡차곡]   [쌓았다].

스스로 문장 만들기

✏ 다음 의태어로 꾸민 문장을 스스로 만들어 보세요.

1 아장아장
   아기가 아장아장 걷는 모습을 사진 찍었다.

2 버럭버럭
   나는 너무 화가 나서 버럭버럭 화를 냈다.

→ 정답 및 예시 답안 | 2쪽

10

11

기본

3일 (문장 꾸미기)

길게 꾸미기

문장을 만들 때 뒤에 오는 말을 꾸며 뜻을 자세하게 해 주는 말을 '꾸며 주는 말'
이라고 해요. 꾸며 주는 말을 쓰면 생각이나 느낌을 정확하고 생생하게 표현할
수 있어요. 한 문장에 여러 개의 꾸며 주는 말을 넣어서 길게 꾸밀 수도 있어요.

◎ 꾸며 주는 말을 넣어 길게 쓴 문장을 살펴보세요.

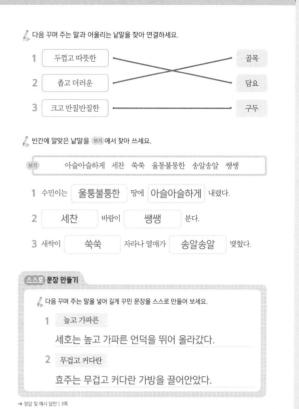

빨갛고 향기로운 장미가 피었다.   하얗고 네모난 지우개가 있다.

작은 오리가 뒤뚱뒤뚱 걷는다.   어린 아이가 혼자 서 있다.

✏️ 빈칸에 알맞은 꾸며 주는 말을 보기 에서 찾아 쓰세요.

보기   맑은   졸졸   가벼운   작고

1   작고   가벼운   공이 튀어 올랐다.

2   맑은   물이   졸졸   흐른다.

12

✏️ 다음 꾸며 주는 말과 어울리는 낱말을 찾아 연결하세요.

1   두껍고 따뜻한 ──┐ ┌── 골목

2   좁고 더러운 ──┐╳┌── 담요

3   크고 반질반질한 ────── 구두

✏️ 빈칸에 알맞은 낱말을 보기 에서 찾아 쓰세요.

보기   아슬아슬하게 세찬 쑥쑥 울퉁불퉁한 송알송알 쌩쌩

1   수민이는   울퉁불퉁한   땅에   아슬아슬하게   내렸다.

2   세찬   바람이   쌩쌩   분다.

3   새싹이   쑥쑥   자라나 열매가   송알송알   맺혔다.

스스로 문장 만들기

✏️ 다음 꾸며 주는 말을 넣어 길게 꾸민 문장을 스스로 만들어 보세요.

1   높고 가파른
   세호는 높고 가파른 언덕을 뛰어 올라갔다.

2   무겁고 커다란
   효주는 무겁고 커다란 가방을 끌어안았다.

→ 정답 및 예시 답안 | 3쪽

13

기본

4일 (문장 꾸미기)

육하원칙에 따라 문장 만들기

일어난 일을 명확하게 전달해야 하는 기사문은 '누가, 언제, 어디에서, 무엇을, 어
떻게, 왜'의 여섯 가지 육하원칙에 맞추어 써야 해요. 글을 쓸 때 육하원칙을 지키
면 간결하고 정확하게 쓸 수 있어요.

◎ 육하원칙에 따라 쓴 문장을 살펴보세요.

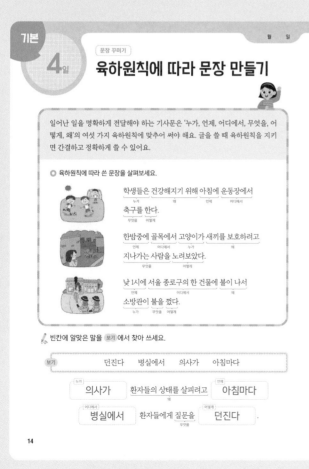

학생들은 건강해지기 위해 아침에 운동장에서
 누가   왜   언제   어디에서
축구를 한다.
 무엇을 어떻게

한밤중에 골목에서 고양이가 새끼를 보호하려고
 언제   어디에서   누가   새끼를   왜
지나가는 사람을 노려보았다.
 무엇을   어떻게

낮 1시에 서울 종로구의 한 건물에 불이 나서
 언제   어디에서   왜
소방관이 불을 껐다.
 누가   무엇을 어떻게

✏️ 빈칸에 알맞은 말을 보기 에서 찾아 쓰세요.

보기   던진다   병실에서   의사가   아침마다

   의사가   환자들의 상태를 살피려고   아침마다
   누가   언제

   병실에서   환자들에게 질문을   던진다
   어디에서   무엇을   어떻게

14

✏️ 다음 육하원칙에 알맞은 말을 찾아 연결하세요.

1   언제 ──┐ ┌── 방 청소를

2   무엇을 ──┐╳┌── 집들이를 하려고

3   왜 ────── 새벽에

✏️ 다음 빈칸에 알맞은 말을 쓰세요.

1   엄마는 밤에   공원   으로 산책을 가려고 옷을 두껍게 껴입었다.
                 어디에서

2   나는   추석에 소원을 빌기 위해 밖에서 보름달을 바라보았다.
   누가

3   아빠는 피로를 풀기 위해 주말에 집에서 잠을   주무신다 .
                                           어떻게

스스로 문장 만들기

✏️ 다음 육하원칙을 모두 넣어 문장을 스스로 만들어 보세요.

   누가   언제   어디에서   무엇을

   어떻게   왜

서하는 동생에게 과자를 뺏기지 않으려고 어젯밤에
방에서 과자를 한꺼번에 다 먹었다.

→ 정답 및 예시 답안 | 3쪽

15

3

기본

5일

문장 연결하기

예를 들어 쓰기

어떤 주제나 대상에 대해 예를 들어 설명하는 방법이 있어요. 글을 쓸 때 예를 들어 쓰면 내용을 더 쉽게 이해할 수 있어요. 주장하는 글을 쓸 때에도 '예를 들어', '이를테면'과 같은 말을 사용하여 구체적인 예를 들면 설득력이 높아져요.

○ 예를 들어 쓴 문장을 살펴보세요.

동물원에는 여러 동물이 있다.
예를 들면 코끼리, 기린, 얼룩말 등이 있다.

나는 학교에서 다양한 과목을 배운다.
예를 들어 국어, 수학, 음악, 미술 등을 배운다.

주말에 가족과 함께 갈 수 있는 곳이 많다.
이를테면 놀이공원, 동물원, 수족관, 도서관 등이 있다.

✎ 다음 질문에 알맞은 예를 쓰세요.

1 나무의 종류로는 어떤 것이 있나요?

　　단풍나무, 소나무, 은행나무, 벚나무 등

2 친구에게 줄 수 있는 선물은 무엇이 있나요?

　　필통, 지갑, 공책, 인형 등

✎ 다음 주제를 보고, 알맞은 예를 쓰세요.

주제	예
1 내가 좋아하는 음식	짜장면, 피자, 김밥, 떡볶이 등
2 동네에 있는 가게	문방구, 세탁소, 약국, 카페 등

✎ 위에 쓴 내용을 바탕으로 예를 들어 설명하는 문장을 완성하세요.

1 **내가 좋아하는 음식**

내가 좋아하는 음식들이 있다.

예를 들면 짜장면, 피자, 김밥, 떡볶이가 있다.

2 **동네에 있는 가게**

우리 동네에는 가게가 많다.

이를테면 문방구, 세탁소, 약국, 카페가 있다.

스스로 문장 만들기

✎ 다음 주제의 예를 적고, 예를 들어 설명하는 문장을 스스로 만들어 보세요.

직업	예 간호사, 선생님, 변호사, 소방관 등

세상에는 다양한 직업이 있다.

예를 들면 간호사, 선생님, 변호사, 소방관이 있다.

→ 정답 및 예시 답안 | 4쪽

16

17

기본

6일

문장 연결하기

빗대어 쓰기

어떤 것을 설명할 때 성질이나 모습이 비슷한 다른 대상에 빗대어 표현할 수 있어요. 글을 쓸 때 '같이', '처럼', '~ 같은'과 같은 말을 사용하여 빗대어 쓰면 느낌을 생생하게 전할 수 있어요.

○ 빗대어 쓴 문장을 살펴보세요.

구름 같은 솜사탕

놀부 같은 욕심쟁이

쟁반이 보름달처럼 둥글다.

얼굴이 사과같이 예쁘다.

✎ 빈칸에 알맞은 낱말을 보기 에서 찾아 쓰세요.

보기	대나무　　해바라기　　얼음　　태양

1 얼음 처럼 차가운 물

2 해바라기 같이 예쁜 마음

✎ 다음 주제를 보고, 빗대어 표현할 수 있는 비슷한 대상으로 알맞은 것을 쓰세요.

주제	비슷한 것
1 착한 친구	천사, 엄마, 선생님 등
2 두꺼운 책	벽돌, 이불 등

✎ 위에 쓴 내용을 바탕으로 빗대어 표현한 문장을 완성하세요.

1 **착한 친구**

내 친구는 천사처럼 착하다.

2 **두꺼운 책**

이 책은 벽돌같이 무겁다.

스스로 문장 만들기

✎ 다음 주제와 비슷한 것을 적고, 빗대어 표현한 문장을 스스로 만들어 보세요.

달콤한 포도	비슷한 것 사탕, 아이스크림, 솜사탕 등

사탕같이 달콤한 포도!

포도가 아이스크림처럼 달콤하다.

→ 정답 및 예시 답안 | 4쪽

18

19

기본

7일 (문장 연결하기) 비교·대조하여 쓰기

두 대상에서 공통점을 찾아 설명하는 것은 비교예요. 두 대상에서 차이점을 찾아 설명하는 것은 대조예요. 글을 쓸 때 비교나 대조를 사용하면 대상의 특징을 쉽게 이해할 수 있어요.

◎ 비교 또는 대조하여 쓴 문장을 살펴보세요.

호랑이는 사자와 **비슷하게** 날카로운 발톱을 가졌다.
호랑이는 혼자 사는 **반면에** 사자는 무리 지어 산다.

운동장과 교실에 **모두** 학생들이 있다.
시끄러운 운동장과 **반대로** 교실은 조용하다.

개미와 벌은 둘 **다** 곤충이다.
개미는 기어다니는 **반면에** 벌은 날아다닌다.

✏️ 다음 문장이 두 대상의 어떤 점을 설명하는지 알맞은 것에 ○표 하세요.

1 숟가락과 젓가락은 음식을 먹을 때 쓰는 도구이다.   (공통점)   차이점

2 티셔츠는 위에 입고 바지는 아래에 입는다.   공통점   (차이점)

3 설탕과 소금은 색깔이 같아서 똑같아 보인다.   (공통점)   차이점

20

✏️ 다음 두 대상을 비교하여 쓴 문장을 완성하세요.

1 [그림책과 만화책]
그림책과 만화책은 둘 다 그림이 많이 나오는 책이다.

2 [연필과 볼펜]
연필과 볼펜은 모두 글씨를 쓸 때 필요한 필기도구이다.

✏️ 다음 두 대상을 대조하여 쓴 문장을 완성하세요.

1 [물과 우유]
물은 투명하지만 우유는 불투명하고 색이 희다.

2 [해와 달]
해는 낮에 볼 수 있는 반면에 달은 밤에 볼 수 있다.

스스로 문장 만들기

✏️ 다음 주제를 보고, 두 대상을 비교·대조하는 짧은 글을 스스로 만들어 보세요.

구두와 운동화

구두와 운동화는 둘 다 밖에서 신는 신발이다.

구두는 격식을 차릴 때 신는 신발이지만 운동화는 운동을 할 때 신는 신발이다.

→ 정답 및 예시 답안 | 5쪽

21

기본

8일 (문장 연결하기) 시간의 흐름에 따라 쓰기

어떤 일이 되어 가는 과정을 설명할 때 시간의 흐름에 따라 쓰면 좋아요. '오늘', '다음날'과 같이 시간을 직접 나타내는 말을 쓰거나, '~을 한 다음', '~한 후'와 같이 시간을 짐작하게 해 주는 말을 넣으면 내용을 쉽게 정리할 수 있어요.

◎ 시간의 흐름에 따라 쓴 문장을 살펴보세요.

 ⇨ ⇨

우리는 오전 10시에 자동차를 타고 바다로 출발했다. 오후 2시에 강원도에 도착하여 오후 3시에 바다에서 즐겁게 물놀이를 했다.

   ⇨ ⇨

샌드위치를 만들려면 맨 처음 빵에 소스를 바른다. 그다음에 빵 위에 계란, 햄, 양상추를 놓는다. 마지막으로 다른 빵을 올리고 예쁘게 자른다.

✏️ 빈칸에 알맞은 낱말을 보기 에서 찾아 쓰세요.

보기   6월   3월   5월   오늘   어제   내일

1 3월 에 새싹이 나왔다. 5월 에 꽃이 피었다. 6월 에 열매가 열렸다.

2 어제 는 토요일이었다. 오늘 은 일요일이다. 내일 은 월요일이다.

22

✏️ 시간의 흐름에 따라 쓴 문장이 되도록 알맞게 연결하세요.

1 맨 처음 ⎯ 새끼 새가 알을 깨고 나왔다.

2 그다음에 ⎯ 어미 새가 알을 품었다.

3 그 후 ⎯ 어미 새가 둥지에 알을 낳았다.

✏️ 다음 시간을 나타내는 말을 보고, 문장을 완성하세요.

1 아침에 빵과 과일을 먹고, 점심에 학교 급식을 먹었다 .

저녁에는 엄마가 만들어 주신 김밥을 먹었다 .

2 가장 먼저 냄비에 물을 끓인다. 그다음 끓는 물에 면과 분말수프를 넣는다 .

마지막으로 불을 끄고 라면을 그릇에 담는다 .

스스로 문장 만들기

✏️ 다음 주제를 보고, 시간의 흐름이 드러나는 짧은 글을 스스로 써 보세요.

등교 준비

일어나자마자 화장실에 가서 세수를 한다.

그다음에 옷을 갈아입고 머리를 단정히 빗는다.
준비물을 확인한 후 아침밥을 먹고 학교에 간다.

→ 정답 및 예시 답안 | 5쪽

23

기본 9일 문장 연결하기
장소의 변화에 따라 쓰기

글을 쓸 때 장소의 변화에 따라 겪은 일을 쓸 수 있어요. '가장 먼저 간 곳은', '나중에 간 곳은'과 같이 장소의 변화가 드러나게 쓰면 일이 일어난 차례대로 읽는 사람이 내용을 쉽게 이해할 수 있어요.

○ 장소의 변화에 따라 쓴 문장을 살펴보세요.

학교에 가는 길에 가장 먼저 보이는 가게는 **슈퍼마켓**이다. 그다음에 문방구가 나온다. 마지막으로 **경찰서**를 지나면 학교에 도착한다.

숲 입구에서 지도를 보며 선생님께 설명을 들었다. 숲속에서 나무의 다양한 생김새를 관찰했다. **숲 밖** 쉼터에서 나뭇잎으로 멋진 가면을 만들었다.

✎ 빈칸에 알맞은 낱말을 보기 에서 찾아 쓰세요.

보기   수영장   서점   놀이터   병원

1 빵집에서 갓 구운 빵을 산 다음, [서점]에 가서 책을 샀다.

2 학교에서 나온 후 [수영장]에서 수영 수업을 받았다.

24

✎ 장소의 변화에 따라 쓴 문장이 되도록 알맞게 연결하세요.

1 가장 먼저 회전목마를 탔다. ─┐ ┌─ 나중에는 한복 시장도 갔다.
2 처음에 간 곳은 과일 가게였다. ─┼─┼─ 그다음에 범퍼카를 탔다.
3 처음에 아동복 시장에 갔다. ─┘ └─ 과일을 사서 꽃 가게에 갔다.

✎ 다음 장소에서 일어날 수 있는 일을 쓰세요.

장소	일어날 수 있는 일
1 학원	받아쓰기 시험을 본다.
2 도서관	가장 좋아하는 작가의 책을 빌린다.
3 목욕탕	할머니의 등을 밀어 드린다.

스스로 문장 만들기

✎ 다음 주제를 보고, 장소의 변화가 드러나는 짧은 글을 스스로 써 보세요.

운동장 → 화장실 → 교실

가장 먼저 운동장에 나가서 친구들과 술래잡기를 했다.

그다음에 화장실에 가서 손을 씻었다. 그러고 나서 교실로 돌아와 수업 준비를 했다.

→ 정답 및 예시 답안 | 6쪽

25

기본 10일 문장 연결하기
비슷하거나 반대되는 문장 쓰기

이어 주는 말로 앞뒤 문장이 서로 어떤 관계인지 알 수 있어요. 앞뒤 문장이 비슷한 내용이면 '그리고', '또'와 같은 말로 문장을 연결해요. 반대되는 내용을 쓸 때에는 '그러나', '하지만'과 같은 말을 넣어 문장을 이어 쓸 수 있어요.

○ 비슷하거나 반대되는 문장을 살펴보세요.

언니는 키가 크다. 그리고 다리도 길다.

나는 과자를 좋아한다. 또 초콜릿도 좋아한다.

자동차가 낡았다. 그러나 잘 달린다.

나는 그림을 잘 그린다. 하지만 춤은 못 춘다.

✎ 앞뒤 문장을 보고, 이어 주는 말로 알맞은 것에 ○표 하세요.

1 지우는 수영을 잘한다. (그리고) 그러나 달리기도 잘한다.

2 집이 깨끗하다. 그리고 (하지만) 이상한 냄새가 난다.

26

✎ 문장이 자연스럽게 이어지도록 알맞게 연결하세요.

1 겨울에는 날씨가 춥다. ── 또 눈이 내린다.
2 가방이 크다. ─┼─ 그러나 볼펜은 있다.
3 책상에 연필이 없다. ─┘ 하지만 무게는 가볍다.

✎ 다음 이어 주는 말을 보고, 비슷하거나 반대되는 문장을 완성하세요.

1 엄마가 바지를 사 주셨다. | 그리고 티셔츠도 사 주셨다.
2 나는 일요일에 늦잠을 잔다. | 그러나 월요일에는 늦잠을 자지 않는다.
3 비가 많이 온다. | 하지만 나는 우산이 없다.

스스로 문장 만들기

✎ 다음을 보고, 비슷하거나 반대되는 내용의 짧은 글을 스스로 써 보세요.

내가 좋아하는 음식은 피자다. 하지만 나는 스파게티는 좋아하지 않는다.

내가 좋아하는 음식은 떡볶이다. 또 나는 튀김도 좋아한다.

→ 정답 및 예시 답안 | 6쪽

27

기본

11일

문장 연결하기

분류하여 쓰기

분류는 일정한 기준에 따라 어떤 대상을 나누어 설명하는 방법이에요. 분류를 할 때에는 먼저 분류의 기준을 정하고, 그 기준에 따라 항목들을 정리해요. 정리한 항목에 맞추어 대상을 분류하면 내용을 체계적으로 정리할 수 있어요.

○ 분류하여 쓴 문장을 살펴보세요.

계절에 따라 입는 옷이 다르다.
여름에는 반팔 티셔츠와 반바지를 입는다.
겨울에는 코트와 패딩 점퍼를 입는다.

동물은 사는 곳에 따라 나눌 수 있다.
땅속에 사는 동물에는 지렁이, 두더지 등이 있고,
땅 위에 사는 동물에는 사슴, 사자 등이 있다.

내 동생의 장난감은 색깔이 다양하다.
로봇과 자동차는 **파란색**이고,
풍선과 기차 블록은 **노란색**이다.

✎ 다음 질문에 알맞은 답을 쓰세요.

1 학용품 중에 종이류에는 무엇이 있나요?
도화지, 색종이, 포장지 등

2 학용품 중에 색칠용 미술 도구에는 무엇이 있나요?
색연필, 물감, 크레파스 등

28

✎ 다음 분류 기준과 항목을 보고, 알맞은 대상을 쓰세요.

분류 기준과 항목	분류 대상
1 교통수단 - 땅, 하늘, 바다	기차, 자동차, 비행기, 헬리콥터, 배, 잠수함
2 음식의 재료 - 곡류, 채소류, 육류	쌀, 보리, 배추, 당근, 소고기, 돼지고기

✎ 위에 쓴 내용을 바탕으로 분류하여 설명하는 문장을 완성하세요.

1 교통수단
교통수단은 길에 따라 땅, 하늘, 바다를 다니는 것으로 분류할 수 있다.
땅을 다니는 기차, 자동차, 하늘을 다니는 비행기, 헬리콥터,
바다를 다니는 배, 잠수함 등으로 나뉜다.

2 음식의 재료
음식은 재료에 따라 곡류, 채소류, 육류로 분류할 수 있다.
곡류에는 쌀, 보리가 있고, 채소류에는 배추, 당근이 있으며, 육류에는 소고기, 돼지고기가 있다.

스스로 문장 만들기

✎ 다음 분류 기준을 보고, 항목을 정하여 대상을 분류하는 짧은 글을 스스로 써 보세요.

내가 좋아하는 위인

내가 좋아하는 위인은 나라별로 나눌 수 있다.
한국인은 정약용과 장영실, 미국인은 링컨과 에디슨, 영국인은 제인 구달과 뉴턴이 있다.

→ 정답 및 예시 답안 | 7쪽

29

기본

12일

문장 연결하기

나열하여 쓰기

나열은 한 가지 주제에 대해 몇 가지 특징을 늘어놓으며 설명하는 방법이에요. 나열을 할 때에는 '첫째, 둘째, 셋째'와 같은 말을 사용하여 특징을 늘어놓아요. 글을 쓸 때 나열하여 쓰면 구체적으로 설명할 수 있어요.

○ 나열하여 쓴 문장을 살펴보세요.

여름이 좋은 점은 두 가지다.
첫째, 내가 좋아하는 수박이 나온다.
둘째, 바다에서 수영을 할 수 있다.

캠핑을 가면 몇 가지 놀이를 할 수 있다.
첫째, 돌과 나뭇잎으로 소꿉놀이를 한다.
둘째, 나무 놀이터에서 놀이 기구를 탄다.

내 지우개는 특징이 많다.
첫째, 잘 지워진다. **둘째**, 하얀색이다. **셋째**, 길쭉한 모양이다. **넷째**, 말랑말랑하다.

✎ 기차의 특징을 나열한 글을 보고, 빈칸에 알맞은 낱말을 보기 에서 찾아 쓰세요.

보기   하늘   선로   날씨   기차역

기차는 몇 가지 특징이 있다. 첫째, **선로** 위만 달릴 수 있다. 둘째, 한 번에 많은 화물을 수송할 수 있다. 셋째, **날씨** 의 영향을 적게 받는다.

30

✎ 문장이 자연스럽게 이어지도록 알맞은 문장을 연결하세요.

1 수학이 싫은 이유는 첫째, 계산이 반복된다. — 둘째, 어려운 문제가 많다. × 셋째, 여행을 오래 갈 수 있다.

2 방학이 좋은 점은 첫째, 놀 시간이 많다. — 둘째, 늦잠을 잘 수 있다. × 셋째, 열심히 풀어도 자꾸 틀린다.

✎ 다음 글을 읽고, 나열하며 쓴 문장을 완성하세요.

1 물놀이를 할 때 주의할 점은 첫째, 물이 얕은 곳에서 놀아야 한다.
둘째, 싸워도 금방 화해할 수 있다.

2 단짝 친구가 좋은 점이 있다.
첫째, 나를 잘 이해해 준다. 둘째, 내 비밀을 이야기할 수 있다.
셋째, 반드시 준비 운동을 한 후 물에 들어가야 한다.

스스로 문장 만들기

✎ 다음 주제를 보고, 특징을 나열한 짧은 글을 스스로 써 보세요.

담임 선생님의 특별한 점

우리 담임 선생님은 특별한 점이 몇 가지 있다.
첫째, 숙제를 적게 내 주신다.
둘째, 수업 시간에 재미있는 자료를 많이 보여 주신다.

→ 정답 및 예시 답안 | 7쪽

31

7

기본 13일

문장 연결하기

가정하여 쓰기

가정하여 쓰기는 '만약 ~라면 ~일 것이다.'라고 조건을 내세우며 쓰는 방법이에요. 일어나지 않은 일에 대해 결과를 짐작하거나, '~했다면 ~을 것이다.'와 같이 일어난 일에 대해 사실과 반대되는 내용을 가정하여 쓰기도 해요.

○ 가정하여 쓴 문장을 살펴보세요.

만약 피아노 연습을 하루도 빠짐없이 **한다면** 연주 실력이 금방 늘 **것이다.**

우리 동네에 무인 문방구가 **있다면** 매일 사람들이 북적일 **것이다.**

아빠가 조금만 더 빨리 **나갔다면** 버스를 놓치지 않았을 **것이다.**

✎ 빈칸에 알맞은 낱말을 보기 에서 찾아 쓰세요.

보기   만약   이라면   것이다

1 내가 형 [이라면] 동생을 괴롭히지 않을 [것이다].

2 [만약] 지우가 양말을 신었다면 뒤꿈치가 까지지 않았을 것이다.

32

✎ 문장이 자연스럽게 이어지도록 알맞은 것을 연결하세요.

1 내일 비가 많이 온다면 —— 감기에 걸리지 않았을 것이다.

2 내의를 입었다면 —— 천을 깨끗이 자를 수 없을 것이다.

3 만약 가위가 없다면 —— 여행을 가지 않을 것이다.

✎ 다음 조건을 보고, 가정하는 문장을 완성하세요.

1 만약 내가 부자가 된다면 | 동네에 있는 아이스크림 가게를 살 것이다.

2 글자를 배웠다면 | 책을 읽을 수 있을 것이다.

3 매일 줄넘기 연습을 하면 | 한 발 줄넘기도 하게 될 것이다.

스스로 문장 만들기

✎ 다음 주제를 보고, 상황을 가정하는 짧은 글을 스스로 써 보세요.

만약 내가 하늘을 날 수 있다면

만약 내가 하늘을 날 수 있다면 아침마다 아빠를 회사까지 데려다 드릴 것이다.

→ 정답 및 예시 답안 | 8쪽

33

기본 14일

문장 연결하기

원인과 결과 쓰기

어떤 일이 일어난 까닭이 원인이고, 앞서 일어난 일 때문에 생기는 일이 결과예요. 일이 일어난 순서를 파악하면 원인과 결과를 쉽게 찾을 수 있어요. 글을 쓸 때 원인과 결과는 '그래서', '그러므로'와 같은 말로 연결할 수 있어요.

○ 원인과 결과를 쓴 문장을 살펴보세요.

비를 많이 맞았다. 그래서 감기에 걸렸다.

늦게까지 책을 읽었다. 그래서 수업 시간에 자꾸 졸았다.

✎ 다음 원인에 알맞은 결과에 ○표 하세요.

1 공부를 열심히 했다.   선생님께 혼이 났다.   (시험을 잘 봤다.)

2 아이스크림을 많이 먹었다.   배가 고팠다.   (배탈이 났다.)

3 땡볕에 운동을 했다.   (땀이 났다.)   살이 쪘다.

34

✎ 다음 원인에 알맞은 결과를 찾아 연결하세요.

| 원인 | | 결과 |

1 꽃에 물을 주지 못했다. —— 형에게 미안한 마음이 들었다.

2 함박눈이 소복이 쌓였다. —— 꽃이 시들었다.

3 형에게 화를 냈다. —— 눈사람을 만들었다.

✎ 다음 원인을 보고, 결과를 설명하는 문장을 완성하세요.

1 배가 고팠다. | 그래서 편의점에서 군것질을 했다.

2 손톱이 길다. | 그래서 동생의 얼굴에 상처를 냈다.

3 형의 과자를 몰래 먹었다. | 그래서 다음부터 형이 과자를 숨겼다.

스스로 문장 만들기

✎ 다음 원인을 보고, 원인과 결과가 드러나도록 짧은 글을 스스로 써 보세요.

종이에 손가락을 베였다.

종이에 손가락을 베였다. 그래서 연필을 제대로 잡을 수가 없다.

→ 정답 및 예시 답안 | 8쪽

35

기본

15일 문장 연결하기
이유 설명하기

월   일

주장이나 부탁을 할 때 생각과 의견을 뒷받침하는 이유를 설명하면 다른 사람을 쉽게 설득할 수 있어요. 이유를 쓸 때에는 '왜냐하면 ~ 때문이다.' 형식으로 쓰고, 타당한 이유를 든다면 다른 사람이 바르게 판단할 수 있어요.

◎ 이유를 설명한 문장을 살펴보세요.

 생일 선물로 컴퓨터를 받고 싶습니다. **왜냐하면** 컴퓨터가 있으면 숙제를 할 때 도움이 되기 **때문입니다.**

 운동을 많이 해야 한다. 그 이유는 운동을 하면 건강해지기 **때문이다.**

 엄마, 아침에 일찍 깨워 주세요. **왜냐하면** 아침에 준비할 시간이 부족하기 **때문이에요.**

✏ 다음 주장을 뒷받침하는 이유로 알맞은 것에 ○표 하세요.

1 글을 많이 써야 한다.
글을 많이 쓰면 힘들다.
글쓰기 실력이 길러진다.

2 등교 시간을 지키자.
등교 시간은 학교에서 정한 규칙이다. ○
등교 시간을 지키면 일찍 끝난다.

36

✏ 다음 의견을 뒷받침하는 이유를 찾아 연결하세요.

의견	이유
1 바다보다 산이 좋다.	정상에 오르면 공기가 상쾌하다.
2 반찬을 골고루 먹어야 한다.	아파트는 여러 사람이 함께 사는 건물이다.
3 아파트 실내에서 뛰면 안 된다.	반찬마다 들어 있는 영양소가 다르다.

✏ 다음 주장을 보고, 이유를 설명하는 문장을 완성하세요.

1 친구야, 사이좋게 지내자. 왜냐하면 너랑 싸우면 속상하기 때문이야.

2 선생님, 짝꿍을 바꿔 주세요. 왜냐하면 저를 자주 놀리고 괴롭히기 때문이에요.

3 새 옷이 필요해요. 왜냐하면 키가 자라서 옷이 짧기 때문이에요.

스스로 문장 만들기

✏ 다음 주제를 보고, 이유를 설명하는 짧은 글을 스스로 써 보세요.

횡단보도를 건널 때 조심해야 한다.

횡단보도를 건널 때 조심해야 한다. 왜냐하면

초록불이 켜져도 갑자기 차가 나타날 수 있기 때문이다.

→ 정답 및 예시 답안 | 9쪽

37

기본

16일 문장 연결하기
해결 방법 제안하기

월   일

어떤 문제를 해결하기 위한 글을 쓸 때 해결 방법을 설명하거나 제안하는 내용을 반드시 써야 해요. 해결 방법을 쓸 때에는 '(그 문제를) 해결하기 위해서는 ~하는 방법이 있다.'와 같은 표현을 쓸 수 있어요.

◎ 해결 방법을 설명한 문장을 살펴보세요.

 급식을 많이 남겨서 음식 쓰레기가 많이 생긴다. **이 문제를 해결하기 위해** 먹을 수 있는 만큼만 음식을 담아야 한다.

 숙제가 밀리는 친구들이 많다. **이 문제를 해결하려면** 숙제를 받은 날 저녁에 바로 하는 방법이 있다.

 감기 환자가 늘고 있다. **이 문제를 해결하기 위해서는** 손을 자주 씻고 마스크를 껴야 한다.

✏ 다음 문장이 무엇을 설명하는지 알맞은 것에 ○표 하세요.

1 어린이들의 핸드폰 사용 시간이 늘고 있다. 문제 ○ 해결 방법

2 일정 시간이 지나면 핸드폰이 꺼지도록 설정한다. 문제 해결 방법 ○

3 핸드폰 사용 시간을 알려 주는 알람을 사용한다. 문제 해결 방법 ○

38

✏ 다음 문제에 알맞은 해결 방법을 찾아 연결하세요.

문제	해결 방법
1 학교 앞에서 교통사고가 자주 일어난다.	쓰레기를 함부로 버리지 말고, 쓰레기 줍기 봉사 활동을 한다.
2 운동장에 떨어진 쓰레기가 많다.	컴퓨터 화면이나 핸드폰을 오래 보지 않는다.
3 시력이 나빠졌다.	학생들은 차를 조심하고, 운전자는 천천히 운전해야 한다.

✏ 다음 문제를 보고, 해결 방법을 제안하는 문장을 완성하세요.

1 자동차 매연이 심하다. 이 문제를 해결하려면 가까운 곳은 걸어서 간다.

2 물건을 잘 잃어버린다. 이 문제를 해결하기 위해서 물건에 이름표를 붙여야 한다.

3 불량 식품을 많이 먹는다. 이 문제를 해결하기 위해서는 과일 간식을 가지고 다니면 된다.

스스로 문장 만들기

✏ 다음 주제를 보고, 해결 방법을 제안하는 짧은 글을 스스로 써 보세요.

지저분한 학교 화장실

학교 화장실이 너무 더럽다. 이 문제를 해결하려면

학생들은 사용한 휴지를 휴지통에 잘 버려야 한다.

→ 정답 및 예시 답안 | 9쪽

39

9

기본 17일

문장 연결하기

느낌이나 감정 표현하기

월 일

몸의 감각을 통하여 알아차리는 느낌, 여러 가지 일을 겪으며 느끼는 기쁨과 슬픔, 놀라움 등의 감정을 글로 표현할 수 있어요. 자신이 느낀 다양한 감정과 느낌을 글로 쓰면 마음을 솔직하게 전할 수 있어요.

○ 느낌이나 감정을 표현한 문장을 살펴보세요.

달리기를 하다가 넘어졌다.
모두 나를 쳐다보고 있어서 창피했다.

강아지 털을 만졌다.
털이 보드랍고 따뜻해서 행복했다.

단짝 친구가 이사를 간다.
너무 슬프고 아쉽다.

✏ 빈칸에 알맞은 낱말을 보기 에서 찾아 쓰세요.

보기   아늑했다   조마조마했다   불편했다   벅찼다

1 버스 안에 사람이 많았다. 옆 사람이 너무 붙어 있어서 불편했다

2 갑자기 비바람이 몰아쳤다. 창문이 깨질까 봐 조마조마했다

✏ 다음 상황에서 느낄 수 있는 감정을 나타낸 말에 ○표 하세요.

1 흔들다리를 건널 때   개운하다   (불안하다)

2 시험을 잘 봤을 때   (뿌듯하다)   서글프다

✏ 위에 쓴 내용을 바탕으로 느낌이나 감정을 표현한 문장을 완성하세요.

1 흔들다리를 건널 때
높은 곳에 있는 흔들다리를 건넜다.
걸을 때마다 흔들다리가 움직여서 불안했다.

2 시험을 잘 봤을 때
오늘 시험을 잘 봤다.
시험 공부를 열심히 한 내 자신이 자랑스러웠다.

스스로 문장 만들기

✏ 다음 낱말을 모두 사용하여 느낌이나 감정을 표현한 짧은 글을 스스로 써 보세요.

부끄럽다, 아쉽다

연극 발표에서 대사를 잊어버렸다.
관객들이 많이 있어서 부끄러웠고, 연극을 망친 것
같아서 아쉬워다.

→ 정답 및 예시 답안 | 10쪽

기본 18일

문장 연결하기

인용하여 쓰기

월 일

인용은 생각을 잘 전달하기 위하여 남의 말이나 글을 사용하는 것이에요. 주로 전문가의 말이나 책에 나온 문장, 속담 등을 인용해요. 인용하여 쓸 때에는 인용한 말에 큰따옴표를 쓰고, '~라는 말이 있다.'와 같은 형식으로 쓸 수 있어요.

○ 인용하여 쓴 문장을 살펴보세요.

내가 무거운 가방을 들고 가는데 친구가 도와주었다.
"백지장도 맞들면 낫다."라는 말처럼 친구가 도와주니 힘이 덜 들었다.

이준이는 하루도 빠짐없이 수영 연습을 열심히 했다.
'고진감래'라는 말이 있듯이 고생 끝에 좋은 결과가 왔다.

헤르만 헤세는 "책 속에서 필요한 모든 것을 찾을 수 있다."라고 말했다. 독서를 하면 책에서 많은 지식과 경험을 배울 수 있다.

✏ 빈칸에 알맞은 속담을 보기 에서 찾아 쓰세요.

보기   "세 살 버릇이 여든까지 간다."   "뛰는 놈 위에 나는 놈 있다."

"세 살 버릇이 여든까지 간다." 라는 말처럼 나쁜 습관은 고치기
힘들기 때문에 어릴 때부터 예절을 잘 가르쳐야 한다.

✏ 다음 상황에서 인용할 수 있는 알맞은 말에 ○표 하세요.

1 자꾸 나를 화나게 하는 언니에게 그만하라고 말할 때   (지렁이도 밟으면 꿈틀한다.)   꿩 먹고 알 먹는다.

2 할머니가 손주를 사랑하는 마음을 표현할 때   (눈에 넣어도 아프지 않다.)   등잔 밑이 어둡다.

✏ 위에서 고른 말을 인용하여 문장을 완성하세요.

1 언니가 화나게 할 때
언니, "지렁이도 밟으면 꿈틀한다."라는 말이 있어.
나를 자꾸 화나게 하면 가만히 있지 않을 거야.

2 할머니의 사랑을 표현할 때
. 할머니는 나를 보면 "눈에 넣어도 아프지 않다."라고 말씀하신다.
그만큼 할머니는 나를 예뻐하고 사랑해 주신다.

스스로 문장 만들기

✏ 다음 속담을 인용하여 짧은 글을 스스로 써 보세요.

소 잃고 외양간 고친다

"소 잃고 외양간 고친다."라는 말이 있듯이 이빨이
썩은 후에는 후회해도 소용없다.

→ 정답 및 예시 답안 | 10쪽

실전 19일

독서 감상문 / 명작 동화

만약 내가 주인공이라면?

월 일

비법 독서 감상문은 책을 읽고 떠오른 생각이나 느낌을 쓴 글이에요. 등장인물 사이에 어떤 일이 일어났고, 만약 내가 주인공이라면 이야기 속 상황에서 어떻게 행동했을지 생각해 보면 쉽게 쓸 수 있어요.

예시

『해님과 바람』을 읽고

동생에게 책을 읽어 주면서 옛날에 봤던 『해님과 바람』을 다시 읽어 보았다.
해님과 바람이 누가 더 힘이 센지 다투다가 나그네의 외투를 먼저 벗기는 쪽이 이기는 내기를 하였다. 바람이 아무리 세게 불어도 나그네는 외투를 벗지 않았다. 하지만 해님이 따뜻하게 햇볕을 비추자, 나그네는 땀을 흘리며 외투를 벗었다.
만약 내가 바람이라면 해님에게 힘이 세다고 자랑하지 않을 것 같다. 힘이 세다고 항상 이기는 것은 아니기 때문이다. 누군가를 힘으로 이기려고 하는 것보다 따뜻하게 대하는 것이 더 좋다는 생각이 들었다.

✎ 좋아하는 명작 동화를 읽고, 아래 질문에 답을 쓰세요.

1 이야기에 나오는 등장인물은 누구인가요?

장화 신은 고양이, 막내아들

2 주인공에게 어떤 일이 일어났나요?

고양이가 막내아들에게 자루 한 개와 장화 한 켤레를 사 달라고 했다.

3 만약 내가 주인공이라면 어떻게 했을까요?

고양이의 부탁을 들어주지 않았을 것이다.

4 이야기를 읽고 어떤 생각이 들었나요?

장화 신은 고양이가 대단한 고양이라는 생각이 들었고, 막내아들이 부러웠다.

50

'만약 내가 주인공이라면?'을 주제로 독서 감상문을 써요.

읽은 책	《장화 신은 고양이》
제목	영리하고 용감한 고양이

내가 가장 좋아하는 책은 《장화 신은 고양이》이다. 열 번을 넘게 읽어도 질리지 않는 책이라서 오늘 또 읽었다.
막내아들은 돌아가신 아버지에게 고양이 한 마리를 물려받았다. 고양이는 막내아들에게 자루 한 개와 장화 한 켤레를 사 달라고 부탁했다. 막내아들은 자신이 가진 모든 돈을 털어 고양이의 부탁을 들어주었다.
내가 막내아들이었다면 그렇게 하지 못했을 것 같다. 고양이가 도망갈까 봐 걱정이 되기 때문이다.
자루를 메고, 장화를 신은 고양이는 꾀를 부려서 사람을 잡아먹는 괴물을 없애고, 괴물이 살던 성을 막내아들이 가질 수 있게 해 주었다. 그 덕분에 막내아들은 공주와 결혼을 하게 되었다.
장화 신은 고양이가 주인을 위해 괴물을 상대로 용감하게 행동할 때 정말 대단한 고양이라는 생각이 들었다. 실제로 나에게도 그런 고양이가 있다면 얼마나 좋을까? 장화 신은 고양이를 물려받은 막내아들이 부럽다.

→ 정답 및 예시 답안 | 11쪽

51

실전 20일

독서 감상문 / 전래 동화

어떤 뒷이야기가 이어질까?

월 일

비법 전래 동화는 옛날부터 입에서 입으로 전해 내려오는 이야기예요. 가장 좋아하는 전래 동화의 뒷이야기를 상상해 보세요. 뒷이야기의 새 주인공을 정하고, 사건의 흐름에 알맞게 이어질 내용으로 독서 감상문을 써요.

예시

『흥부와 놀부』 뒷이야기

텔레비전에서 『흥부가』를 소개하는 것을 본 후, 『흥부와 놀부』의 뒷이야기를 상상해 보았습니다.
동물에게 쫓겨난 놀부와 놀부 아내는 흥부네 집을 찾아갔어요.
놀부가 흥부네 책임지라며 화를 내자, 착한 흥부는 행복하게 금은보화를 나눠어 주었어요. 그래도 놀부는 만족하지 못했어요. 그날 밤, 놀부와 놀부 아내는 흥부네 집에 몰래 들어가 지붕에 열린 박을 훔쳤어요. 놀부와 놀부 아내가 훔친 박을 열심히 타자, 박에서 커다란 독수리가 나왔어요. 그리고 놀부와 놀부 아내를 홱 낚아채더니 아무도 살지 않는 무인도에 뚝 떨어뜨렸답니다.

✎ 좋아하는 전래 동화를 읽고, 아래 질문에 답을 쓰세요.

1 이야기의 마지막은 어떻게 끝났나요?

하늘로 간 오빠는 달이 되었고, 동생은 해가 되었다.

2 뒷이야기의 주인공은 누구인가요?

달이 된 오빠

3 주인공이 겪는 새로운 사건은 무엇인가요?

밤에 잠을 못 자고 어두운 밤하늘을 비추어야 해서 힘들었다.

4 뒷이야기에서 주인공은 어떻게 되나요?

오빠는 신에게 구름이 되게 해 달라고 빌었고, 결국 구름이 되었다.

52

'어떤 뒷이야기가 이어질까?'를 주제로 독서 감상문을 써요.

읽은 책	《해와 달이 된 오누이》
제목	달이 된 오빠의 소원

어릴 때 즐겨 보았던 《해와 달이 된 오누이》를 다시 읽고, 뒷이야기를 상상해 보았습니다. 동아줄을 잡고 하늘로 올라가서 해와 달이 된 오누이는 한동안 평화롭게 지냈어요. 그런데 문제가 생겼어요. 달이 된 오빠는 밤새도록 잠을 잘 수 없었고, 낮에는 해가 너무 밝아서 잠을 잘 수 없었어요. 오빠는 너무 피곤해서 밤하늘을 지키다가 꾸벅꾸벅 졸았고, 결국 달빛도 약해졌어요. 사람들은 밤이 너무 깜깜해져 밤을 무서워하게 되었어요.
"너무 피곤하고 힘들어. 아무래도 안 되겠어."
오빠는 하늘에 있는 신에게 다시 열심히 빌었어요.
"제가 구름이 되게 해 주신다면 낮에 하늘을 지키면서 해가 된 동생을 열심히 도울게요."
다행히 신은 오빠의 부탁을 들어주었어요. 그래서 이제 오누이는 헤어지지 않고 낮에 함께 평화롭게 하늘을 지키게 되었답니다.

→ 정답 및 예시 답안 | 11쪽

53

11

[독서 감상문 / 창작 동화]

특별히 재미있었던 부분은?

[비법] 창작 동화는 작가의 상상력으로 만들어 낸 이야기예요. 이야기를 읽고 인상 깊었던 내용이나 주인공의 말과 행동에서 재미있었던 점을 찾아, 독서 감상문에 왜 그 부분이 기억에 남는지를 써요.

[예시]

여우야, 그러지 마!
표지에 여우의 잇속에 들어가 이를 치료하는 쥐의 모습이 재미있어 보여서 읽어 보았다.
치과 의사 드소토 선생님은 작은 쥐다. 드소토 선생님은 원래 위험한 동물은 치료하지 않는데, 이가 아프다고 엉엉 우는 여우를 보고 딱한 마음에 치료를 해 주었다. 그런데 여우는 치료가 끝난 후에 드소토 선생님을 잡아먹으려고 마음먹었다. 드소토 선생님이 그런 여우를 골탕 먹이는 부분이 가장 재미있었다. 이가 딱 들러붙은 여우가 "대다니 고마스니다."라고 말하고 계단을 비틀비틀 내려가는 모습이 정말 웃겼다.
드소토 선생님이 교활한 여우를 이겨서 통쾌하고 기분 좋았다.

✏️ 좋아하는 창작 동화를 읽고, 아래 질문에 답을 쓰세요.

1 이야기에서 특별히 재미있었던 부분은 어디인가요?
무지개 물고기가 파란 꼬마 물고기에게 반짝이 비늘을 나누어 주는 장면

2 주인공의 말이나 행동 중 특히 기억나는 것은 무엇인가요?
무지개 물고기가 왜 아무도 자기를 좋아하지 않는지 고민했던 것

3 그 부분이 기억에 남는 까닭은 무엇인가요?
나도 친구들이 왜 나를 좋아하지 않는지 생각했던 적이 있기 때문이다.

4 그 부분을 읽을 때 어떤 생각이 들었나요?
무지개 물고기의 속상한 마음이 느껴져서 안타까웠다.

54

'특별히 재미있었던 부분'을 주제로 독서 감상문을 써요.

읽은 책	《무지개 물고기》
제목	무지개 물고기야, 잘했어!

무지개 물고기의 반짝이는 비늘이 너무 예뻐서 책을 읽어 보았다.
무지개 물고기에게는 다른 물고기와 다르게 반짝반짝 빛나는 은빛 비늘이 있었다. 하지만 무지개 물고기는 다른 물고기 친구들에게 잘난 체하고 불친절하게 말했다. 무지개 물고기는 아름답지만 쓸쓸한 물고기가 되었다.
무지개 물고기가 왜 아무도 자기를 좋아하지 않는지 고민하는 부분이 기억에 남는다. 나도 친구들이 왜 나를 좋아하지 않는지 생각했던 적이 있기 때문이다. 무지개 물고기의 속상한 마음이 느껴져서 안타까웠다.
다행히 무지개 물고기는 파란 꼬마 물고기에게 반짝이는 비늘을 하나 주었다. 무지개 물고기가 나누는 기쁨을 느꼈을 때 감동적이었다.
친구와 좋은 것을 나누면 더 좋은 것이 돌아오는 법이다. 나도 친구들과 좋은 것을 나누면서 사이좋게 지낼 것이다.

인상 깊게 읽은 부분을 떠올려 봐!

→ 정답 및 예시 답안 | 12쪽

55

[독서 감상문 / 인물 이야기]

주인공에게 편지 쓰기

[비법] 인물 이야기에는 훌륭한 인물의 업적과 인물이 힘든 상황을 헤쳐 나가는 과정이 담겨 있어요. 인물 이야기의 독서 감상문은 편지 형식으로도 쓸 수 있어요. 인물에게 하고 싶은 말을 편지로 전해요.

[예시]

이순신 장군님께
이순신 장군님, 안녕하세요?
장군님의 동상을 보고 궁금해서 책을 찾아 읽어 보았어요.
장군님께서는 뛰어난 전법으로 수많은 해전에서 큰 승리를 거두셨어요. 정말 대단하세요. 장군님께서 부하들에게 "죽고자 하면 살고, 살고자 하면 죽는다. 모두들 죽기를 각오하고 싸워라!"라고 말씀하셨죠? 하지만 장군님은 죽는 것이 두렵지 않으셨나요? 장군님처럼 용감하다면 상대가 아무리 강하더라도 이길 수 있을 것 같아요. 장군님의 지혜와 용기를 본받고 싶어요.

✏️ 좋아하는 인물 이야기를 읽고, 아래 질문에 답을 쓰세요.

1 주인공은 누구인가요?
책 읽기를 좋아한 세종 대왕

2 주인공이 이룬 일 중 가장 대단하게 느낀 점은 무엇인가요?
나라의 학자들을 모아 한글을 만드신 것

3 주인공의 말과 행동 중 가장 기억에 남는 것은 무엇인가요?
세종 대왕이 신하들에게 "백성들이 쉽게 배울 수 있는 글을 만든 게 잘못이란 말이냐!" 하고 호통친 장면이 기억에 남는다.

4 주인공에게 묻고 싶은 말은 무엇인가요?
신하들이 한글 창제를 반대했을 때 포기하고 싶지 않으셨는지 궁금하다.

56

'주인공에게 편지 쓰기'를 주제로 독서 감상문을 써요.

읽은 책	《세종 대왕》
제목	조선 시대 최고의 왕, 세종 대왕님께

세종 대왕님, 안녕하세요? 곧 한글날이 다가와서 한글을 만드신 세종 대왕님 책을 읽어 보았어요.
세종 대왕님은 어릴 때부터 책 읽기를 엄청 좋아하셨다면서요? 책을 많이 읽고 똑똑해서 셋째 아들이지만 왕이 될 수 있었던 것 같아요.
세종 대왕님이 나라의 똑똑한 학자들을 불러 모아 한글을 만드셨다는 내용을 읽었어요. 한자를 버릴 수 없다고 반대하는 신하들에게 "백성들이 쉽게 배울 수 있는 글을 만든 게 잘못이란 말이냐!" 하고 호통치신 모습이 기억에 남아요.
신하들이 반대할 때 포기하고 싶지는 않으셨나요? 그때 많은 반대를 무릅쓰고 한글을 만들어 주셔서 저희는 지금 자랑스러운 한글을 쓸 수 있어요. 정말 감사드려요. 세종 대왕님을 본받아 저도 책벌레가 되어 볼게요.
　　　　20○○년 ○월 ○일. 이연우 올림

인물에게 궁금한 점을 정리해 봐!

→ 정답 및 예시 답안 | 12쪽

57

12

실전 23일

독서 감상문 / 인물 이야기

만약 주인공을 만난다면?

월 일

비법 인물 이야기를 읽으면서 주인공이 어떤 일을 겪었는지 알아보고, 그때 나라면 어떻게 행동했을지 생각해 보세요. 만약 내가 주인공을 만난다면 주인공과 하고 싶은 일을 상상하여 독서 감상문을 써요.

예시

내가 헬렌 켈러를 만난다면

여성 위인에 관한 책이 읽고 싶어서 찾아보다가 헬렌 켈러 책을 읽게 되었다.

헬렌 켈러는 두 살 때 심한 열병에 걸려 눈도 보이지 않고 귀도 들리지 않게 되었다. 다행히 설리번 선생님이 헬렌에게 손짓과 소리를 내서 말하는 방법을 가르쳐 주었다. 이후 헬렌은 더 많은 것을 배우기 위해 노력했고, 대학을 우수한 성적으로 졸업했다. 장애가 있는 헬렌이 이런 일을 이루기 위해서는 장애가 없는 사람보다 몇 배는 더 노력해야 했을 것이다. 만약 내가 헬렌 켈러를 만난다면 헬렌 켈러에게 포기하지 않는 방법을 배우고 싶다. 그리고 이 말을 해 주고 싶다. "많은 사람들에게 용기를 주어 감사해요!"

✎ 좋아하는 인물 이야기를 읽고, 아래 질문에 답을 쓰세요.

1 주인공에게 어떤 특징이 있나요?

파브르는 곤충에 대한 궁금증을 풀기 위해 곤충을 끈질기게 관찰했다.

2 주인공은 무슨 일을 했나요?

살아 있는 곤충을 연구했고, 열 권의 《곤충기》를 썼다.

3 만약 주인공을 만난다면 무엇을 하고 싶나요?

함께 곤충을 관찰하고 곤충에 대해 궁금한 점을 묻고 싶다.

4 주인공을 만나면 해 주고 싶은 말은 무엇인가요?

사람들이 곤충에 대해 몰랐던 사실을 알려 주셔서 감사해요!

58

'만약 주인공을 만난다면?'을 주제로 독서 감상문을 써요.

읽은 책	《곤충을 사랑한 장 앙리 파브르》
제목	곤충 박사 파브르

나는 곤충을 관찰하는 것을 좋아한다. 나처럼 곤충을 관찰하는 것을 좋아했던 파브르에 관한 책을 읽어 보았다.

파브르는 어릴 때 가정 형편이 좋지 않아서 부모님과 떨어져 시골 할아버지 댁에서 지냈다. 그때 파브르는 풀벌레, 새들과 친구가 되었다.

파브르는 어른이 되어서도 곤충을 관찰했고, 관찰로 알아내기 힘든 것은 실험을 하기도 했다. 그 결과 곤충에 관한 여러 신비로운 사실을 직접 밝혀냈고, 사람들이 잘못 알고 있는 사실도 바로잡아 주었다.

파브르는 할아버지가 된 후에도 곤충을 관찰했고, 열 권의 《곤충기》를 썼다.

파브르를 만난다면 함께 곤충을 관찰하고 곤충에 대해 궁금한 점을 물어보고 싶다. 그리고 이 말을 하고 싶다.

"저도 박사님처럼 곤충을 연구하는 사람이 되고 싶어요. 사람들이 몰랐던 사실을 알려 주셔서 감사합니다!"

→ 정답 및 예시 답안 | 13쪽

59

실전 24일

독서 감상문 / 사회 지식책

책에서 꼭 기억하고 싶은 것은?

월 일

비법 사회 지식책은 역사, 지리, 문화 등의 내용을 담고 있어요. 정보를 알려 주는 글을 읽고 난 후에는 수많은 정보 중에 꼭 기억하고 싶은 것이나 남에게 알리고 싶은 내용을 정리하여 독서 감상문을 쓰면 좋아요.

예시

천 년의 도시 경주

다음 주말 가족 여행으로 경주에 가기로 해서 경주를 공부할 수 있는 책을 읽었다.

경주는 천 년 동안 신라의 수도였다. 그래서 경주 곳곳에는 신라의 역사를 보여 주는 유적과 유물이 많다. 이 책은 경주의 유명한 유적에 대한 중요한 사실들을 알려 준다. 책에 나온 것 중 내가 경주에 가서 직접 보고 싶은 것은 다보탑이다. 다보탑은 십 원짜리 동전에 그려진 탑으로 불국사 안에 있다. 다보탑 옆에 석가탑이 있는데 석가탑이 일반적인 탑의 형태라면, 다보탑은 다른 어떤 돌탑과도 닮지 않은 독특한 아름다움을 가지고 있다고 한다. 경주에 가서 다보탑과 석가탑의 모양이 어떻게 다른지 살펴봐야겠다.

✎ 좋아하는 사회 지식책을 읽고, 아래 질문에 답을 쓰세요.

1 무엇에 대해 알려 주나요?

돈의 종류와 돈을 올바르게 쓰는 방법을 알려 준다.

2 꼭 기억하고 싶은 흥미로운 내용은 무엇인가요?

돈을 빛에 비추어 보면 그림이 보인다는 점이 흥미로웠다.

3 책을 읽고 새롭게 알게 된 점은 무엇인가요?

돈이 생기게 된 과정을 알게 되었다.

4 책을 읽고 어떤 생각을 했나요?

돈은 사람들 사이에서 돌고 도는 것이므로 깨끗이 써야겠다.

60

'책에서 꼭 기억하고 싶은 것'을 주제로 독서 감상문을 써요.

읽은 책	《돈이 궁금해》
제목	돈에 대해 신기한 사실들

돈은 원하는 것을 살 때 필요하다. 돈에 대해 자세히 알아보고 돈을 잘 쓰고 싶어서 책을 찾아 읽어 보았다.

돈에 쓰인 숫자가 다른 것은 돈마다 값어치가 다르기 때문이다. 이렇게 값어치가 다른 여러 돈이 만들어지는 과정, 돈을 벌고 올바르게 쓰는 방법 등 돈에 관한 다양한 내용들을 재미있게 읽었다. 또 돈이 처음부터 있었던 것은 아니고, 사람들이 물건을 교환하다가 점차 돈의 형태가 만들어졌다는 사실을 알게 되었다.

내가 가장 재미있게 본 것은 돈에 숨겨진 비밀을 알려 주는 부분이다. 돈을 빛에 비추어 보거나 비스듬히 기울이면 보이는 그림이 있다는 내용을 읽고, 직접 돈을 관찰해 보았다. 그랬더니 정말 그림이 보여서 신기했다.

돈은 사람들이 함께 사용하는 것이므로 내가 어딘가에 낸 돈은 계속 돌고 돈다고 한다. 돈을 깨끗이 쓰고 아껴 써야겠다.

→ 정답 및 예시 답안 | 13쪽

61

13

실전 25일

독서 감상문 / 과학 지식책

새롭게 알게 된 점은?

비법 과학 지식책은 지구나 우주, 동물이나 식물, 환경 등을 설명하는 책이에요. 책을 읽은 후에 특별히 신기했거나 새롭게 알게 된 사실을 독서 감상문으로 써요. 궁금하거나 더 알아보고 싶은 부분을 써도 좋아요.

예시

요리조리 신기한 우리 몸

요즘 몸에 대해 궁금한 점이 많다. 그래서 우리 몸에 대한 과학 책을 찾아서 읽었다.

책에 몸속 모습이 자세한 그림으로 나와 있어서 뼈와 근육, 혈관, 소화 기관의 모습을 확인할 수 있었다. 단단한 뼈의 한가운데 스펀지처럼 부드러운 부분이 있는데 그것을 '골수'라고 한다는 사실을 새롭게 알게 되었다.

내가 생각하고, 움직이고, 음식을 소화 시키는 등 몸에서 일어나는 모든 일은 정말 신비롭다. 이 모든 것을 뇌가 조종한다는 사실이 가장 신기하다. 다음에는 뇌에 대해 더 자세히 알 수 있는 책을 읽어 보고 싶다.

✎ 좋아하는 과학 지식책을 읽고, 아래 질문에 답을 쓰세요.

1 책을 읽고 새롭게 알게 된 사실은 무엇인가요?

사람들이 더 편리하고 좋은 것만 찾다 보면 빙하가 곧 사라질 것이다.

2 새롭게 알게 된 점 중 특히 신기한 것은 무엇인가요?

아이슬란드의 700년 된 빙하가 이미 완전히 사라졌고, 앞으로 빙하가 계속 사라지면 폭설과 큰 태풍이 발생할 것이다.

3 더 알아보고 싶은 점은 무엇인가요?

사람들이 얼마나 오랫동안 노력해야 빙하가 다시 커질 수 있을까?

4 책을 읽고 어떤 느낌이 들었나요?

사람들 때문에 빙하섬에 살던 동물들이 죽거나 고통받는 모습을 보니 미안하고 슬펐다.

62

'새롭게 알게 된 점'을 주제로 독서 감상문을 써요.

읽은 책	《빙하섬을 지켜 주세요.》
제목	빙하섬에 사는 동물들아, 미안해

빙하섬에 있는 곰, 여우, 토끼 들이 괴로워하는 모습이 그려진 표지를 보고 어떤 내용인지 궁금해서 책을 읽어 보았다.

이 책은 사람들의 이기적인 행동 때문에 빙하가 곧 사라질 것이라는 사실을 알려 주고 있다. 실제로 아이슬란드의 700년 된 빙하는 2014년에 완전히 사라졌고, 사람들이 이대로 환경을 훼손한다면 앞으로 200년 안에 다른 빙하들도 사라질 것이라고 한다.

빙하는 지구를 시원하게 만드는 에어컨과 같아서 이 빙하가 사라지면 더운 여름은 더 뜨거워지고, 예상치 못한 폭설과 큰 태풍이 발생할 것이라고 한다. 줄어든 빙하가 다시 커지려면 실제로 얼마나 오랜 시간이 흘러야 할까?

사람들 때문에 빙하섬에 살던 동물들이 죽거나 고통받는 모습을 보니 동물들에게 미안하고 슬펐다. 빙하를 지키기 위해 지금 당장 일회용품 사용을 줄여야겠다.

궁금한 것이 더 있다면 함께 써 봐!

→ 정답 및 예시 답안 | 14쪽

63

실전 26일

관찰 기록문 / 물건

감각을 이용하여 물건 살펴보기

비법 물건의 특징을 관찰한 관찰 기록문을 쓸 때 감각을 이용하여 관찰한 내용을 구체적으로 쓰면 좋아요. 이때 꾸며 주는 말을 넣어 쓰면 대상의 특징을 더 생생하게 설명할 수 있어요.

예시

예쁜 나의 새 신발

어제 아빠가 사 주신 새 운동화를 자세히 관찰해 보았다.

운동화 사이즈는 내 발에 꼭 맞는 200밀리미터이다. 색깔은 흰색이고, 보라색 신발 끈이 묶여 있다. 앞부분에는 은색 반짝이가 달려 있고, 옆 부분에는 하늘색 별이 예쁘게 반짝이고 있다. 천이 두툼해서 만지면 부드럽고, 잘 늘어난다. 바닥은 두꺼운 하얀색 고무로 되어 있어서 잘 미끄러지지 않고, 신발을 신으면 폭신한 느낌이 든다.

신발을 자세히 보면 볼수록 더 예쁘고 소중하게 느껴졌다. 새 신발이 더러워지지 않도록 아껴 신을 것이다.

✎ 한 가지 물건을 자세히 관찰하고, 아래 질문에 답을 쓰세요.

1 어떤 물건을 관찰했나요?

내가 매일 밤 안고 자는 토끼 인형

2 그 물건의 생김새는 어떠한가요?

몸통은 흰색이고, 코는 핑크색이며 귀가 크고 길다.

3 감각을 이용해 관찰한 느낌은 어떠한가요?

나와 비슷한 냄새가 나고, 짧은 털이 보송보송 부드럽다.

4 관찰을 하며 어떤 생각이 들었나요?

내 토끼 인형은 정말 귀엽고 사랑스럽다.

64

감각을 이용하여 물건을 자세히 관찰한 내용을 담아 관찰 기록문을 써요.

관찰 대상	토끼 인형
제목	귀엽고 사랑스러운 토끼 인형

내가 매일 밤 안고 자는 토끼 인형이 있다. 내가 가진 물건 중 가장 소중한 토끼 인형을 자세히 관찰해 보았다.

토끼 인형은 얼굴부터 몸 전체가 흰색이고, 귀가 특히 크고 길다. 핑크색 코는 귀엽고 예쁘다. 팔은 조금 긴 편이고, 다리는 짧은데 발은 크다.

인형의 냄새를 맡아 보면 내 살에서 나는 냄새와 비슷한 냄새가 난다. 내 이불에서도 같은 냄새가 나는데, 내가 토끼 인형을 매일 안고 자서 나의 냄새가 묻은 것 같다.

토끼의 짧은 털을 만지면 보송보송하고 부드러운 느낌이 든다. 그래서 인형을 안으면 마음이 편안해진다.

내 토끼 인형은 이렇게 보고, 저렇게 봐도 모든 부분이 귀엽고 사랑스럽다. 토끼 인형은 나의 가장 소중한 보물이자, 친구이다.

관찰한 내용을 자세하게 써 봐!

→ 정답 및 예시 답안 | 14쪽

65

실전 27일 [관찰 기록문 / 자연물] 자연물을 자세히 들여다보기

비법 자연물을 소재로 관찰 기록문을 쓸 때에는 색깔, 모양, 크기 등의 생김새가 어떠한지 자세히 관찰하여 써요. 돋보기로 세밀한 부분을 살펴보며 특징을 그려 두면 상세히 묘사한 관찰 기록문을 쓸 수 있어요.

예시

작고 소중한 돌멩이
지난주에 바다에 놀러 갔을 때 해변에서 주워 온 작은 돌멩이를 관찰했다.
돌멩이의 크기는 내 엄지손가락 크기만 하다. 이 돌멩이는 뾰족한 부분이 한 군데도 없고, 둥글고 매끄럽다. 또 완전한 하트 모양은 아니지만 하트 모양과 비슷하게 생겼다. 표면을 자세히 들여다보니 아주 작은 구멍이 6개 정도 뚫려 있었다. 돌멩이의 색깔은 전체적으로 보면 흐린 회색인데, 자세히 보면 흰색과 진한 회색이 섞여 있다. 돌멩이를 만지면 딱딱하지만 부드러운 느낌이 든다.
다음에 바다에 놀러 가면 이렇게 예쁜 돌멩이를 또 주워 오고 싶다.

✏️ 한 가지 자연물을 자세히 관찰하고, 아래 질문에 답을 쓰세요.

1 어떤 자연물을 관찰했나요?
내가 키우는 작은 선인장

2 색깔, 모양, 크기는 어떠한가요?
5센티미터 정도의 줄기에 연두색의 작은 잎이 줄줄이 붙어 있다.

3 자세히 들여다보면 무엇이 보이나요?
돋보기로 보니 잎에 자잘한 주름이 엄청 많았다.

4 이 자연물만의 독특한 특징은 무엇인가요?
아랫부분은 줄기가 하나인데 위에서 줄기가 두 개로 갈라진다.

66

자연물의 세밀한 부분을 자세히 관찰한 내용을 담아 관찰 기록문을 써요.

관찰 대상	작은 선인장 화분
제목	약해 보이지만 강한 나의 선인장

내가 키우는 작은 선인장 화분을 관찰해 보았다.
작은 갈색 화분에 흰색과 회색 돌들이 가득 채워져 있고, 그 위로 작은 선인장 줄기 하나가 나 있는 모습이다. 줄기 길이는 5센티미터 정도이고, 줄기의 가장 아랫부분부터 동그랗고 작은 연두색 잎이 윗부분까지 간격을 두고 촘촘히 매달려 있다.
신기한 것은 줄기가 윗부분에서 두 갈래로 갈라지고, 제일 끝에 꽃 모양처럼 생긴 잎이 두 개 달려 있다는 것이다.
눈으로 봤을 땐 잎의 큰 주름만 보였는데, 돋보기로 자세히 보니 자잘한 주름이 매우 많았다. 잎을 손으로 만져 보면 매끈하고, 단단한 느낌이 든다.
선인장에게 물을 한 달에 한 번, 아주 조금만 주고 있는데 몇 달째 키가 잘 자라고 있다. 작고 약해 보이지만 강인한 나의 선인장이 기특하다.

→ 정답 및 예시 답안 | 15쪽

67

실전 28일 [관찰 기록문 / 음식] 음식을 구체적으로 설명하기

비법 음식을 소재로 관찰 기록문을 쓸 때에는 음식의 냄새와 맛, 만졌을 때의 느낌을 써요. 음식의 겉모습은 어떠하고, 음식을 잘랐을 때 속은 어떻게 생겼는지 차이점을 자세히 쓰면 생생하게 표현할 수 있어요.

예시

바삭바삭한 맛있는 치킨
오늘 저녁에 치킨을 먹으면서 치킨을 자세히 관찰했다.
갓 튀겨진 치킨에서 구수한 기름 냄새가 난다. 색깔은 황금처럼 누런 빛깔이고, 바삭바삭한 튀김옷이 붙어 있다. 치킨을 한입 크게 베어 물면 튀김옷 안쪽으로 잘 익은 하얀 속살이 보인다. 속살은 쫄깃쫄깃하고 부드럽다. 첫맛은 짭짤하지만, 여러 번 꼭꼭 씹으면 담백한 맛이 느껴진다. 치킨은 기름에 튀긴 음식이라 손으로 만지면 기름이 많이 묻는다. 튀김옷을 만지면 거칠거칠한 느낌이고, 속살은 매끈매끈하다.
치킨을 관찰하며 먹었더니 치킨이 더 맛있게 느껴졌다. 치킨을 자주 먹고 싶다.

✏️ 좋아하는 음식을 관찰하고, 아래 질문에 답을 쓰세요.

1 음식의 생김새는 어떠한가요?
거봉은 알이 일반 포도보다 크고, 껍질 색깔은 보라색이다.

2 음식에서 어떤 냄새가 나나요?
달착지근하고 향긋한 냄새가 난다.

3 음식을 먹으면 무슨 맛이 나나요?
알이 커서 꼭꼭 씹으면 달콤새콤한 맛이 난다.

4 음식을 만지면 어떤 느낌이 드나요?
껍질과 알이 매끈한 것도 있고 약간 오돌토돌한 것도 있다.

68

좋아하는 음식을 구체적으로 관찰한 내용을 담아 관찰 기록문을 써요.

관찰 대상	거봉
제목	나의 사랑 거봉

내가 제일 좋아하는 과일인 거봉을 자세히 관찰해 보았다.
거봉은 알의 크기가 일반 포도보다 훨씬 크다. 껍질 색깔은 보라색인데, 한 송이의 거봉에도 알 색깔이 조금 더 진한 것과 흐린 것이 있다.
거봉 가까이에 코를 대지 않아도 달콤하고 향긋한 냄새가 강하게 풍긴다. 껍질과 알을 만져 보면 매끈한 것도 있고, 약간 오돌토돌한 느낌이 나는 것도 있다. 알을 하나 떼어 껍질을 살짝 누르면 연두색 알이 쏙 빠져나온다. 거봉은 알이 커서 그냥 삼키면 목에 걸릴 수 있으니 꼭꼭 씹어 먹어야 한다. 씹으면 달콤새콤한 과일즙이 입안에 퍼진다.
나는 씨 없는 거봉을 좋아하지만, 가끔 씨가 나오기도 한다. 달콤하고 맛있는 거봉을 관찰하면서 한 송이를 다 먹어 버리고 말았다.

→ 정답 및 예시 답안 | 15쪽

69

실전 29일

관찰 기록문 / 얼굴

얼굴을 꼼꼼히 살펴보기

월 일

비법 누구의 얼굴을 살펴볼지 정한 다음, 그 사람의 이마부터 눈썹, 눈, 코, 입을 자세히 관찰해요. 관찰한 모습을 쓸 때 꾸며 주는 말을 사용하거나 빗대어 쓰면 생김새를 더욱 실감 나게 표현할 수 있어요.

예시

우리 엄마
내가 가장 사랑하는 엄마의 얼굴을 자세히 관찰했다.
엄마는 볼살이 통통하고 피부색이 하얗다. 이마는 넓고 반듯하다. 눈썹은 반달처럼 예쁜 모양이고, 눈썹 바로 위에 작은 점이 하나 있다. 눈에는 얇은 쌍꺼풀이 있고, 눈동자는 까맣다. 코는 조금 낮고 동글고, 동글동글 작고 검은 콧구멍 속으로 코털이 살짝 보인다. 윗입술은 얇고 아랫입술은 도톰한 편이다. 얼굴을 만져 보면 보드랍다.
엄마의 얼굴을 꼼꼼히 살펴보니 전체적으로 볼 때랑 느낌이 달라서 신기했다.

✏️ 좋아하는 사람을 관찰하고, 아래 질문에 답을 쓰세요.

1 얼굴의 모양과 피부색은 어떠한가요?

동생의 얼굴은 동그란 모양이고, 피부는 약간 누런색이다.

2 머리 모양과 길이, 색깔은 어떠한가요?

머리카락은 어깨 아래로 내려올 만큼 길고, 검은색의 생머리이다.

3 눈, 코, 입의 생김새는 어떠한가요?

눈은 쌍꺼풀이 없지만 큰 편이고, 콧볼이 둥글고, 입술이 얇다.

4 얼굴을 만지면 어떤 느낌이 드나요?

볼에 살이 많아서 볼을 꼬집으면 말랑말랑한 느낌이 난다.

70

좋아하는 사람의 얼굴을 꼼꼼히 관찰한 내용을 담아 관찰 기록문을 쓰세요.

관찰 대상	동생의 얼굴
제목	사랑스러운 내 동생

자는 동생의 얼굴을 자세히 관찰해 보았다.

동생의 얼굴은 보름달처럼 동그란 모양이고, 피부는 약간 누런색이다. 머리카락은 어깨 아래로 내려올 만큼 길고, 검은색의 생머리이다.

눈은 쌍꺼풀이 없지만 큰 편이고, 코는 작고 콧볼이 둥글다. 입술은 분홍색이고, 윗입술과 아랫입술 모두 얇은 편이다.

볼에는 살이 많아서 볼을 살짝 꼬집으면 말랑말랑한 느낌이 난다.

동생의 얼굴 중에서 가장 마음에 드는 부분은 눈이다. 보통 쌍꺼풀이 있는 큰 눈이 예쁘다고 하는데, 동생은 쌍꺼풀이 없는 눈이 더 어울리는 것 같다.

계속 예쁘다고 말하면 더 예뻐진다고 한다. 그래서 나는 동글동글 귀여운 동생의 얼굴이 예쁘다고 매일 말해 줄 것이다.

얼굴이 점까지도 귀엽게 봐!

→ 정답 및 예시 답안 | 16쪽

71

실전 30일

관찰 기록문 / 장소

잘 아는 장소를 다시 보기

월 일

비법 평소에 자주 가는 장소를 자세히 관찰하면 몰랐던 사실을 새롭게 알게 돼요. 문방구, 놀이터, 편의점 등 자주 가는 장소에서 볼 수 있는 것과 내가 가장 좋아하는 점, 관찰하다가 드는 생각을 함께 쓰면 좋아요.

예시

우리 집의 구석구석
우리 가족은 내일 이사를 한다. 그래서 태어나서 지금까지 살았던 집을 관찰했다.
우리 집에는 거실과 부엌, 화장실 1개, 방이 3개 있다. 집에 들어가면 가장 먼저 거실이 보인다. 거실에는 책장과 푹신한 소파가 있고, 책장 왼쪽에 커다란 화분이 있다.
방 중에서 내가 가장 좋아하는 방은 언니와 함께 자는 방이다. 그 이유는 그 방에 작은 벽장이 있는데, 언니와 숨바꼭질을 할 때 벽장 속에 숨을 수 있어서 좋았기 때문이다.
우리 집의 구석구석을 살펴보니 이 집을 떠나기 아쉽다. 이사 가면 새집도 자세히 관찰해 봐야겠다.

✏️ 내가 잘 아는 장소를 관찰하고, 아래 질문에 답을 쓰세요.

1 장소에 무엇이 있나요?

그네, 커다란 미끄럼틀, 그물 놀이 기구, 시소 등

2 그 장소가 가진 눈에 띄는 특징은 무엇인가요?

가운데에 커다란 미끄럼틀이 있다.

3 그 장소에서 좋아하는 것은 무엇이고, 그 까닭은 무엇인가요?

미끄럼틀 계단을 올라가면 나오는 작은 공간을 좋아한다. 거기에서 친구와 비밀 이야기를 하기 때문이다.

4 장소를 관찰한 후 어떤 느낌이 들었나요?

많은 친구들이 함께 노는 놀이터이므로 모두가 안전하게 놀면 좋겠다.

72

잘 아는 장소를 자세히 관찰한 내용을 담아 관찰 기록문을 쓰세요.

관찰 대상	아파트 놀이터
제목	언제나 즐거운 놀이터

나는 학교가 끝난 후에 친구들과 함께 아파트 놀이터에서 1시간 정도 뛰어논다. 오늘은 놀면서 놀이터의 모습을 자세히 관찰해 보았다.

놀이터에서 가장 먼저 보이는 것은 가운데에 있는 커다란 미끄럼틀이다. 미끄럼틀 오른쪽에는 그네와 그물 놀이 기구가 있고, 미끄럼틀 왼쪽에는 시소가 있다.

놀이터에서 내가 가장 좋아하는 것은 미끄럼틀이다. 미끄럼틀은 전체적으로 은색이고, 파란색이 군데군데 섞여 있다. 미끄럼틀 계단을 올라가면 작은 방 같은 공간이 나오는데, 내가 제일 좋아하는 곳이다. 그곳에 앉아 친구와 비밀 이야기를 하는 것이 좋기 때문이다.

놀이터를 관찰하다 보니 놀이터에서 위험하게 놀면 다칠 수 있는 부분들이 보였다. 놀이터에서 친구들이 안전하게 놀았으면 좋겠다.

관찰한 후의 느낌도 적어 봐!

→ 정답 및 예시 답안 | 16쪽

73

실전 31일

관찰 기록문 / 변화 과정

상태의 변화를 관찰하기

월 일

비법 식물을 키우면 시간이 흐르면서 변하는 모습을 관찰할 수 있어요. 관찰을 시작했을 때 어떤 상태인지 쓰고, 며칠이 지난 후에 어떻게 변했는지를 써요. 관찰하면서 기대되는 점도 함께 쓰면 좋아요.

🏅 예시

강낭콩 관찰 일지

* 5월 1일 강낭콩 관찰 시작

강낭콩의 색깔은 갈색과 붉은색의 중간 정도이다. 모양은 길쭉하고 동그랗다. 콩의 길이를 재어 보니 1.5센티미터 정도 되었다. 작은 화분에 흙을 담고 강낭콩을 심은 후 물을 주었다.

* 5월 13일 귀여운 새싹이 나타남

강낭콩 껍질이 벗겨지면서 연두색 새싹이 나왔다. 흙 위로 올라온 줄기의 길이는 2센티미터 정도 되었다. 강낭콩의 줄기가 얼마나 더 길어지고, 잎은 얼마나 커질지 기대된다.

✏️ 시간에 따라 변하는 대상을 관찰하고, 아래 질문에 답을 쓰세요.

1 무엇을 관찰하기로 했고, 지금의 상태는 어떠한가요?

양파를 관찰했다. 지금의 양파는 아래쪽에 잔뿌리가 조금 있다.

2 관찰할 식물을 어떻게 두었나요?

유리컵 위에 양파를 올리고 잔뿌리가 물에 닿을 수 있도록 물을 채워 두었다.

3 며칠이 지난 후 상태가 어떻게 달라졌나요?

양파 위쪽으로 초록색 싹이 올라왔고, 하얀색 뿌리가 길고 많아졌다.

4 궁금한 점이나 기대되는 점이 있나요?

싹이 많이 자라면 파처럼 먹어도 된다는데 맛이 어떨지 궁금하다.

74

시간에 따라 변하는 모습을 관찰한 내용을 담아 관찰 기록문을 써요.

관찰 대상	양파	관찰 기간	9월 1일~9월 15일
제목	양파 키우기		

엄마께서 양파를 키워 보자고 하셨다.

* 9월 1일: 양파는 아래쪽에 잔뿌리가 조금 있는 모습이었다. 껍질을 살살 벗기니 하얀 양파가 나왔다. 양파의 윗부분은 연한 갈색이었다. 유리컵 위에 껍질을 벗긴 양파를 올리고, 잔뿌리가 물에 닿을 수 있을 정도로 물을 채워 주었다.

* 9월 15일: 하얀색 잔뿌리가 엄청 길고 무성해졌다. 양파 위쪽으로 초록색 싹이 세 가닥 올라왔다. 세 가닥의 길이는 저마다 달랐는데 가장 긴 것의 길이를 재어 보니 3센티미터 정도 되었다.

엄마께서 양파 싹이 자란 모습을 보시더니 조금 더 자라면 잘라서 파 대신 먹어도 좋겠다고 하셨다. 그러고 보니 싹의 모습이 파와 비슷했다.

맛도 파와 비슷할까? 앞으로 싹이 쑥쑥 잘 자라면 좋겠다.

달라진 모습을 그림으로 그려도 좋아!

→ 정답 및 예시 답안 | 17쪽

75

실전 32일

설명하는 글 / 공휴일

공휴일의 특징

월 일

비법 공휴일은 나라에서 다 함께 쉬기로 정한 날이에요. 공휴일을 설명하는 글을 쓸 때 공휴일마다 서로 다른 특징을 나열하여 쓰면 좋아요. 인터넷이나 책에서 관련 정보를 찾아 쓰면 더욱 자세히 설명할 수 있어요.

🏅 예시

우리나라의 최대 명절, 설날

설날은 옛날부터 지금까지 이어져 오는 우리나라의 최대 명절로, 여러 가지 특징이 있다.
첫째, 새해를 맞이하는 첫날인 설날에는 한복을 입고, 조상들께 차례를 지낸다.
둘째, 가족과 친척들이 한자리에 모여 새해 인사를 나누고, 웃어른께 세배를 드린다.
셋째, 옛날부터 설날에는 떡국을 먹는 풍습이 있다.
넷째, 연날리기, 윷놀이 등의 전통 놀이를 한다.
설날은 이렇게 온 가족이 모여 즐거운 시간을 보내고, 새해에도 건강하고 행복하기를 바라는 명절이다.

✏️ 좋아하는 공휴일에 대하여 아래 질문에 답을 쓰세요.

1 그 공휴일은 언제이고, 무슨 날인가요?

5월 5일 어린이날

2 그 공휴일의 가장 대표적인 특징은 무엇인가요?

어린이를 위한 날이다.

3 그 공휴일이 되면 사람들은 무엇을 하나요?

어른들은 어린이들과 함께 시간을 보내고, 어린이가 원하는 선물을 사 준다.

4 그 공휴일에 어떤 의미가 있나요?

어린이를 아끼고 존중하며 어린이가 행복하게 자라길 바라는 마음으로 만든 공휴일이다.

76

좋아하는 공휴일의 특징을 나열하여 설명하는 글을 써요.

설명할 공휴일	어린이날
제목	어린이가 행복한 어린이날

5월 5일 어린이날은 어린이를 위한 날로, 어린이들이 주인공인 날이다. 어린이날의 특징은 네 가지가 있다.

첫째, 어린이날에 어른들은 어린이들과 함께 시간을 보내고, 어린이가 원하는 선물도 사 준다.

둘째, 어린이날에는 박물관, 공원, 백화점 등 여러 곳에서 어린이날을 기념하며 어린이를 위한 다양한 행사를 연다.

셋째, '날아라 새들아 푸른 하늘을~'로 시작하는 어린이날 노래가 있다.

넷째, 어린이날은 1923년에 방정환 선생님이 어린이들에게 꿈을 심어 주기 위해 만든 날이다.

어린이날은 어린이가 행복하게 자라길 바라는 마음이 모여 만든 기념일이다. 어린이날 의미대로 모든 어린이가 따뜻하게 보호받으며 행복하게 지냈으면 좋겠다.

가장 좋아하는 공휴일을 골라!

→ 정답 및 예시 답안 | 17쪽

77

실전 33일

설명하는 글 / 장소

학교에서 가장 좋아하는 장소

비법 학교에는 교실, 강당, 과학실, 컴퓨터실 등 여러 장소가 있어요. 학교에서 가장 좋아하는 장소를 설명하는 글을 쓸 때 위치와 특징, 그 장소를 이용할 때의 주의할 점 등을 설명하면 좋아요.

예시

우리 학교 도서실

도서실은 학생들이 볼 수 있는 책을 모아 놓은 곳으로, 학생들은 그 자리에서 책을 읽거나 빌릴 수 있다. 우리 학교 도서실의 위치는 본관 1층 오른쪽 끝이다. 우리 학교 도서실의 좋은 점은 학년별 권장 도서, 신간 도서, 인기 도서 책장이 따로 있어서 원하는 책을 쉽게 찾을 수 있다는 것이다.

도서실을 이용할 때 주의할 점은 도서실에서 떠들거나 뛰면 안 되는 것, 책을 찢거나 더럽히면 안 되는 것, 책을 빌리면 반납 날짜를 잘 지켜야 하는 것이다.

도서실에서 주의할 점을 잘 지키면 모두가 편리하게 도서실을 이용할 수 있다.

✏️ 학교에서 좋아하는 장소에 대하여 아래 질문에 답을 쓰세요.

1 그곳은 무엇을 하는 곳인가요?

내가 친구들과 함께 수업을 받는 2학년 2반 교실

2 그곳의 위치는 어디인가요?

본관 건물 3층의 중앙 계단에서 오른쪽으로 두 번째에 있다.

3 그곳의 좋은 점 또는 나쁜 점은 무엇인가요?

화장실과 가깝고, 보드게임 종류가 많다.

4 그곳을 이용할 때 주의할 점 또는 지켜야 할 점이 있나요?

남의 물건을 주우면 '잃어버린 물건' 상자에 넣는다.

78

학교에서 가장 좋아하는 장소의 특징을 설명하는 글을 쓰세요.

설명할 장소	2학년 2반 교실
제목	2학년 2반 교실의 특징

　2학년 2반은 나와 내 친구들이 함께 수업을 받는 교실이다.

　우리 반은 본관 건물 3층의 중앙 계단에서 오른쪽으로 두 번째에 있는 교실이고, 담임 선생님과 24명의 친구들이 함께 지낸다.

　우리 교실의 좋은 점은 화장실과 가까운 것이다. 또, 교실 한쪽에 재미있는 보드게임이 많이 있다. 선생님이 한 달에 한 번씩 보드게임을 새롭게 바꿔 주셔서 친구들과 다양한 보드게임을 가지고 놀 수 있다.

　2학년 2반 교실에서는 남의 물건을 주우면 교실 뒤쪽에 있는 '잃어버린 물건' 상자에 넣어야 한다. 그러면 물건을 잃어버린 친구가 상자에서 찾아갈 수 있다.

　2학년 2반 교실에서 규칙을 잘 지키고, 서로 배려하며 지내면 사이좋게 잘 지낼 수 있다.

장소만의 특별한 점을 생각해 봐!

→ 정답 및 예시 답안 | 18쪽

79

실전 34일

설명하는 글 / 동물

내가 좋아하는 동물

비법 동물을 설명할 때에는 구체적인 예를 들어 설명할 수 있어요. 만약 개를 설명하는 글을 쓴다면 개의 종류, 개의 능력에 대하여 중심 문장을 쓰고, 그 내용을 뒷받침하는 사실을 예를 들어 설명해요.

예시

고양이의 능력

고양이는 종류에 따라 생김새와 이름이 다르다. 예를 들어 러시안 블루, 페르시안, 샴고양이는 모두 옹직, 털색, 무늬가 다르다. 하지만 공통적인 특징이 있다. 고양이는 높은 곳을 뛰어오를 수 있고, 높은 곳에서 아래로 점프도 잘한다. 고양이의 꼬리는 높은 곳을 걷거나 뛰어내릴 때 균형을 잡아 주기 때문이다.

꼬리의 움직임으로 고양이의 마음도 알 수 있다. 예를 들어 고양이가 꼬리를 세우고 부르르 떨면 기쁘다는 뜻이다. 반면에 높게 세운 꼬리의 털이 부풀어 오르면 예민한 상태라는 뜻이다. 이처럼 고양이에게는 여러 능력과 특별한 점이 있다.

✏️ 좋아하는 동물에 대하여 아래 질문에 답을 쓰세요.

1 동물의 어떤 점을 설명하고 싶나요?

햄스터의 신기한 행동

2 그 동물의 종류에는 무엇이 있나요?

골든 햄스터, 드워프 햄스터 등이 있다.

3 그 동물에게 어떤 특별한 점이 있나요?

주로 낮에는 은신처에서 잠을 자고, 밤에 활발하게 활동한다.

4 동물의 특징을 설명할 때 구체적인 예를 들어 본다면?

깜깜한 밤에 쳇바퀴를 신나게 돌린다. 먹이를 은신처에 숨겨 둔다.

80

좋아하는 동물의 특징을 예를 들어 설명하는 글을 쓰세요.

설명할 동물	햄스터
제목	햄스터의 신기한 행동

　햄스터는 골든 햄스터, 드워프 햄스터 등이 있는데 귀엽게 생겨서 인기가 많다. 작고 귀여운 햄스터는 신기한 행동을 많이 한다.

　햄스터는 낮에는 주로 은신처에서 잠을 자고 밤에 활동하는 편이다. 예를 들어 햄스터는 깜깜하게 불이 꺼지면 은신처에서 나와서 쳇바퀴를 신나게 돌린다. 또 케이지 안에 먹이를 여기저기 놓아두면 먹이를 찾아서 볼주머니에 가득 넣고, 은신처에 가져가서 모아 둔다.

　햄스터는 특히 굴을 파는 것을 좋아해서 케이지에 톱밥을 깔아 주면 열심히 굴을 파고 그 속에 먹이를 저장하기도 한다.

　햄스터는 이렇게 모두가 잠든 밤에 바쁘게 움직인다. 깜깜하고 조용한 밤이 되면 햄스터의 신기한 모습을 몰래 볼 수 있다.

특징을 다양하게 생각해 봐!

→ 정답 및 예시 답안 | 18쪽

81

실전 35일

설명하는 글 / 직업

두 직업의 공통점과 차이점

비법 어떤 직업을 설명하는 글을 쓸 때 다른 직업과 비교하거나 대조하여 쓸 수 있어요. 두 직업의 공통점과 차이점이 무엇인지 비교·대조하여 설명하면 직업의 특징을 쉽게 알 수 있어요.

예시

의사와 간호사

의사와 간호사는 모두 병원에서 일하는 직업이다. 두 직업은 공통점과 차이점이 있다.

의사는 환자의 병을 진단하고 치료하는 일을 하는 사람이다. 반면에 간호사는 의사가 진료할 때 옆에서 도와주고, 아픈 환자들을 돌봐 주는 역할을 한다.

의사가 되려면 정해진 공부를 마치고 나라에서 시행하는 의사 시험에 합격한 후 의사 면허를 받아야 한다. 간호사가 되는 과정도 이와 비슷하지만, 시험과 자격증의 종류가 다르다.

의사와 간호사가 되려면 이러한 자격을 갖춰야 하지만, 무엇보다 필요한 것은 환자를 위하는 마음이다.

✎ 두 직업의 공통점과 차이점에 대하여 아래 질문에 답을 쓰세요.

1 설명할 두 직업은 무엇인가요?

경찰관과 소방관

2 두 직업의 공통점은 무엇인가요?

위험에 처하거나 도움이 필요한 사람들을 도와준다.

3 두 직업의 차이점은 무엇인가요?

경찰관은 범죄를 저지른 사람을 잡고, 소방관은 불이 난 곳에 가서 불을 끄는 일을 한다.

4 두 직업을 가진 사람들이 공통적으로 가져야 하는 마음은 무엇인가요?

용기와 어려움을 참고 견디는 마음

82

두 직업을 비교·대조하여 설명하는 글을 써요.

설명할 직업	경찰관과 소방관
제목	용감한 경찰관과 소방관

경찰관과 소방관은 위험에 처하거나 도움이 필요한 사람들을 도와주는 직업이다. 두 직업은 공통점과 차이점이 분명하다.

경찰관은 범죄를 저지른 사람을 잡는다. 경찰관이 밤낮으로 범인을 잡으려고 노력하고, 범죄가 일어나지 않도록 주위를 지키기 때문에 우리는 안전하게 생활할 수 있다.

소방관은 불이 나지 않도록 예방하고, 불이 난 곳에 출동하여 불을 끄는 일을 한다. 또 위급한 상황에 처한 사람이 신고를 하면 바로 달려가 구조한다.

경찰관과 소방관은 항상 위험한 상황에 처할 수 있는 직업이므로 용감해야 한다. 또 구조 상황이나 범인을 잡는 상황에서 어려움을 참고 견디는 마음을 가져야 한다.

→ 정답 및 예시 답안 | 19쪽

83

실전 36일

설명하는 글 / 운동

유명한 말로 설명하기

비법 유명한 말을 인용하여 글을 쓰면 읽는 사람의 흥미를 끌 수 있어요. 잘하는 운동 중 하나를 골라 운동하는 방법을 설명해 보세요. 이때 관용 표현, 속담 등을 써서 설명하면 어려운 내용도 쉽게 이해할 수 있어요.

예시

스케이트를 타는 방법

빙상용 스케이트 타는 방법은 다음과 같다.

먼저 발이 아프지 않도록 도톰한 양말을 신고 발에 잘 맞는 스케이트를 신는다. 헬멧을 꼭 쓰고, 방수 장갑과 무릎 보호대를 착용한다. 얼음 위에서 균형을 잡으려면 몸을 앞쪽으로 살짝 기울이고, 무릎을 조금 굽히면 좋다. 넘어질 것 같으면 무릎을 더 굽히고 엉덩이를 살짝 빼서 앉는 자세를 취하면 된다.

"구슬이 서 말이라도 꿰어야 보배"라는 말처럼 재능을 갖고 있더라도 연습을 해야 실력이 늘기 때문에 힘들어도 꾸준히 연습해야 한다.

✎ 잘하는 운동에 대하여 아래 질문에 답을 쓰세요.

1 그 운동을 할 때 알아야 하는 규칙은 무엇인가요?

축구는 골키퍼를 제외한 선수들이 손과 팔을 쓰면 안 된다.

2 그 운동을 잘하려면 어떤 기술을 배워야 하나요?

발로 공을 차는 기술, 공을 몰고 다니면서 상대에게 공을 빼앗기지 않는 기술 등을 배워야 한다.

3 그 운동을 설명할 때 인용하고 싶은 말은 무엇인가요?

손발이 맞다

4 그 운동을 배우면 좋은 점은 무엇인가요?

친구들과 함께 축구를 하면 재미있고 건강에 좋다.

84

유명한 말을 인용하여 잘하는 운동을 설명하는 글을 써요.

설명할 운동	축구
제목	협동이 중요한 축구

축구는 두 팀이 상대방의 골대에 공을 넣으며 승부를 가르는 운동이다. 축구를 할 때 익혀야 하는 방법과 규칙이 있다.

각 팀은 1명의 골키퍼와 10명의 선수로 구성되는데, 골키퍼를 제외한 선수들은 손과 팔을 쓰면 안 된다.

축구를 하려면 발로 공을 차는 기술, 공을 몰고 다니면서 상대에게 공을 빼앗기지 않는 기술 등을 배워야 한다.

경기장을 뛰는 11명의 선수는 각자의 역할을 나누고 서로 협력해야 한다. 선수들끼리 서로 손발이 잘 맞아야 좋은 결과를 낼 수 있다.

축구 경기의 방법과 규칙을 익힌 다음, 친구들과 함께 축구를 하면 매우 신나고 건강에도 좋다.

→ 정답 및 예시 답안 | 19쪽

85

실전 37일

주장하는 글 / 습관

좋은 습관을 가져요

비법 학생이 가져야 하는 좋은 습관 중 하나를 골라서 그 습관을 갖자고 주장하는 글을 써 보세요. 주장하는 글을 쓸 때에는 주장을 뒷받침하는 타당한 이유가 중요해요. 습관을 갖는 것이 왜 필요한지 이유를 반드시 쓰세요.

예시

매일 공부하는 습관을 갖자.

학생들은 매일 공부하는 습관을 갖는 것이 중요하다.

그 이유는 첫째, 공부는 매일 조금씩 하는 것이 효과적이다. 공부를 몰아서 하면 양이 많아서 힘들지만, 매일 나눠서 하면 양이 적어서 금세 끝낼 수 있다.

둘째, 오늘 배운 내용을 바로 복습하면 기억에 오래 남는다. 다음 날 배울 내용을 예습하면 학교에서 배울 때 더 쉽게 이해할 수 있다.

마지막으로 매일 공부하면 성적이 오를 수 있다. 그러므로 매일 공부하는 습관을 갖자.

✏️ 어떤 습관을 갖자고 주장하기 위한 아래 질문에 답을 쓰세요.

1 어떤 습관을 갖자고 주장하고 싶은가요?

일찍 일어나는 습관을 갖자.

2 그 습관을 가지면 어떤 점이 좋은가요?

일찍 일어나면 아침 시간을 여유 있게 보낼 수 있다.

3 그 습관을 갖지 않으면 어떤 문제가 생길 수 있나요?

늦잠을 자면 지각을 할 수도 있다.

4 그 습관을 갖자는 주장을 어떤 말로 강조하고 싶나요?

일찍 일어나서 아침의 상쾌함을 느껴 보자.

86

어떠한 좋은 습관을 갖자고 주장하는 글을 써요.

제목 일찍 일어나는 습관을 갖자.

매일 아침 일찍 일어나는 습관을 갖자.

아침에 일찍 일어나면 아침 시간을 여유 있게 보낼 수 있다. 아침밥을 천천히 먹을 수 있고, 준비를 끝낸 다음 등교할 때까지 시간이 남으면 하고 싶은 일을 할 수도 있다.

늦잠을 자면 아침밥을 대충 먹게 되고, 시간이 없어서 서두르다가 중요한 준비물을 빠뜨리게 될 수도 있다. 또 지각을 하는 상황이 생길 수도 있다.

밤에 늦게 잠들면 늦잠을 자기 쉽고, 한두 번 늦잠을 자면 늦잠을 자는 것이 습관이 된다. 밤에 일찍 잠들면 아침에 일찍 일어나는 것이 힘들지 않다.

일찍 일어나서 아침의 상쾌함을 느끼며 하루를 차분히 시작하는 사람이 되자.

나의 좋은 습관을
소재로 해도 좋아!

→ 정답 및 예시 답안 | 20쪽

87

실전 38일

주장하는 글 / 새 물건

새 물건을 사 주세요

비법 어떤 물건이 필요하다고 말할 때에는 그 물건이 필요한 타당한 이유를 많이 들수록 부모님을 설득하기 쉬워요. 또 그 물건이 없으면 어떤 문제가 생길 수 있는지를 밝히면 더욱 좋아요.

예시

새 필통이 필요합니다.

제가 1학년 때 로봇을 좋아해서 로봇이 그려진 필통을 사 주셨지만, 저는 지금 로봇을 좋아하지 않습니다. 제 친구들 중에도 로봇을 좋아하는 친구는 없습니다.

캐릭터나 그림이 그려진 필통은 금세 질립니다. 그림이 없고 무늬가 복잡하지 않은 필통을 사 주신다면 싫증나지 않고 오래 사용할 수 있을 것입니다.

그림이 없는 깔끔한 천 필통을 사 주시면 초등학교를 졸업할 때까지 오랫동안 깨끗이 사용하겠습니다. 새 필통을 사 주시면 좋겠습니다.

✏️ 어떤 물건을 사 달라고 주장하기 위한 아래 질문에 답을 쓰세요.

1 필요한 물건은 무엇이고, 그 물건이 필요한 가장 큰 이유는 무엇인가요?

새 운동화가 필요하다. 지금 신는 운동화가 많이 낡았기 때문이다.

2 그 물건이 필요한 두 번째 이유는 무엇인가요?

가벼운 새 운동화를 신으면 달리기를 잘할 수 있을 것이다.

3 새 물건을 사지 않으면 어떤 문제가 생기나요?

지금 신는 운동화는 무거워서 달리기를 할 때 자주 넘어진다.

4 새 물건이 생기면 어떻게 사용할 생각인가요?

새 운동화가 생긴다면 운동을 열심히 할 것이다.

88

새 물건을 사 달라고 주장하는 글을 써요.

제목 새 운동화를 사 주세요.

저는 새 운동화가 필요합니다.

새 운동화가 필요한 가장 큰 이유는 지금 신는 운동화가 찢어지고 낡았기 때문입니다. 또, 지금 신는 운동화는 많이 무거운 편입니다. 요즘 체육 시간에 달리기 시합을 하는데, 운동화가 무거워서 자주 넘어집니다. 가벼운 운동화를 신는다면 달리기 시합에서 이길 수 있을 것입니다.

거의 하루 종일 신고 있는 운동화인데, 걷거나 뛸 때 불편하다는 생각이 듭니다. 가볍고 편한 운동화를 신는다면 몸과 마음이 편해질 것입니다.

가벼운 새 운동화를 사 주신다면 운동화를 소중히 다루겠습니다. 또 운동을 열심히 하겠습니다.

엄마, 저에게 새 운동화를 꼭 사 주세요.

타당한 이유를
많이 쓸수록 좋아!

→ 정답 및 예시 답안 | 20쪽

89

20

■■ 실전

39일

_{주장하는 글 / 노는 시간}

노는 시간이 있어야 해요

> **비법** 문제 상황에 대하여 의견을 주장할 때에는 그 문제를 어떻게 해결하면 좋은지를 함께 말해야 해요. 노는 시간이 더 필요하다고 주장하려면 노는 시간을 늘리기 위한 해결 방법을 밝혀야 설득하기 쉬워요.

예시

노는 시간이 더 필요합니다.
어린이들에게 노는 시간은 꼭 필요합니다.
요즘 초등학생들은 하루에 1시간도 채 놀지 못한다고 합니다. 하루에 학원을 세 군데 가는 아이들도 있습니다. 노는 시간이 부족해서 바깥에 나가지 못하고 스마트폰을 보는 경우가 많습니다. 어린이는 바깥에서 뛰어놀아야 몸과 마음이 더욱 건강하게 자랍니다. 하루에 노는 시간이 1시간도 안 된다면 학원을 줄여서 놀 수 있는 시간을 만들어 주어야 합니다.
어린이가 건강하게 자랄 수 있도록 노는 시간을 많이 주어야 합니다.

✎ 노는 시간이 있어야 한다고 주장하기 위한 아래 질문에 답을 쓰세요.

1 하교 후 노는 시간이 보통 얼마나 되나요?
보통 30분 정도 놀 수 있다.

2 하루 중 노는 시간이 어느 정도 되어야 한다고 생각하나요?
적어도 매일 1시간 정도 놀아야 한다.

3 노는 시간이 부족해서 생기는 문제는 무엇인가요?
친구들과 친한 관계를 유지하기 힘들다.

4 노는 시간을 늘리기 위해 할 수 있는 방법은 무엇일까요?
학원을 줄이거나 집에서 공부하는 시간을 줄여야 한다.

90

 어린이에게 노는 시간이 있어야 한다고 주장하는 글을 써요.

| 제목 | 하교 후 친구들과 노는 시간이 있어야 해요. |

어린이는 하교 후 적어도 1시간 정도는 친구들과 노는 시간이 필요해요.
친한 친구들이 놀고 있을 때 학원 버스를 바로 타야 한다면 학원에 즐겁게 갈 수 없어요. 또 노는 시간이 부족하면 친구들과 친한 관계를 유지하기 힘들어요. 매일 함께 노는 친구와 일주일에 한 번 노는 친구가 있다면 당연히 매일 노는 친구와 더 친할 거예요.
학원 때문에 노는 시간이 부족하다면 꼭 필요한 학원만 남기고 학원을 줄여야 해요. 학원에 가더라도 하루에 1시간은 노는 시간이 있도록 자유 시간을 주어야 해요.
어린이들은 적당히 놀면 기분이 좋아져서 공부에 더 집중할 수 있어요. 즐겁게 공부하기 위해서라도 어린이에게 노는 시간은 꼭 필요해요.

→ 정답 및 예시 답안 | 21쪽

91

■■ 실전

40일

_{주장하는 글 / 스마트폰}

초등학생에게 스마트폰이 필요할까?

> **비법** 초등학생의 스마트폰 필요성에 대해 사람마다 생각이 달라요. 자신은 어떻게 생각하는지 의견을 정리해서 '~라고 생각한다.'라는 중심 문장을 쓰고, 타당한 근거를 들면 나와 다른 의견을 가진 사람을 설득할 수 있어요.

예시

초등학생은 스마트폰이 필요하지 않다.
나는 초등학생에게 스마트폰이 필요 없다고 생각한다.
스마트폰은 다른 사람과 연락하거나 밖에서 인터넷을 사용하여 일을 할 때 필요한 물건이다. 하지만 어린이들은 게임을 하기 위해 스마트폰을 사용하는 경우가 많다. 어릴 때부터 스마트폰을 많이 보면 눈이 나빠지고, 생각하는 능력과 집중력, 기억력이 약해진다. 친구들이 모두 스마트폰을 가지고 있다고 해서 꼭 가져야 하는 것은 아니다.
초등학생 때에는 스마트폰을 갖지 않는 것이 올바른 선택이라고 생각한다.

✎ 초등학생의 스마트폰 필요성을 주장하기 위한 아래 질문에 답을 쓰세요.

1 초등학생에게 스마트폰이 필요하다고 생각하나요?
초등학생에게 스마트폰이 필요하다고 생각한다.

2 그렇게 생각하는 이유는 무엇인가요?
밖에서 연락할 일이 생기거나 인터넷을 써야 할 때가 많기 때문이다.

3 나와 반대로 생각하는 사람을 설득할 수 있는 근거는 무엇인가요?
갑자기 위험한 상황이 생기면 스마트폰으로 도움을 요청할 수 있다.

4 나의 의견을 강조하기 위해 마지막으로 하고 싶은 말은 무엇인가요?
스마트폰의 사용 시간을 잘 지키고, 꼭 필요할 때에만 사용하게 하면 된다.

92

 초등학생에게 스마트폰이 필요하다고 주장하는 글을 써요.

| 제목 | 초등학생도 스마트폰이 필요하다. |

초등학생에게 스마트폰이 좋지 않다고 늦게 사 주시는 부모님들이 많다. 하지만 나는 초등학생에게 스마트폰은 꼭 필요하다고 생각한다.
왜냐하면 밖에서 친구들과 연락할 일이 많기 때문이다. 예를 들어 알림장을 학교에 두고 오면 다음 날까지 해야 하는 숙제나 챙겨야 할 준비물을 알 수 없다. 그럴 때 친구에게 물어보려면 스마트폰이 필요하다. 또 집이 아닌 곳에서 인터넷을 사용해야 할 때도 있다.
요즘 스마트폰에는 도움을 요청하는 기능이 있어서 위험한 상황에서 손쉽게 부모님께 연락을 할 수 있다. 아직 혼자 다니는 것이 위험한 어린이가 도움을 요청하려면 스마트폰이 꼭 필요하다.
스마트폰 사용 시간을 잘 지키고, 꼭 필요할 때에만 사용한다면 초등학생에게 스마트폰이 나쁘지 않다고 생각한다.

→ 정답 및 예시 답안 | 21쪽

93

21

실전 41일

주장하는 글 / 슬리퍼 착용

월   일

집 안에서 슬리퍼를 신어요

비법 집 안에서 슬리퍼를 신으면 좋은 점을 생각하여 슬리퍼를 신자고 주장하는 글을 써 보세요. 슬리퍼를 신어서 좋았던 경험이나 층간 소음을 겪었던 일을 예로 들면 주장을 효과적으로 뒷받침할 수 있어요.

예시

집에서도 슬리퍼를 신자.
  집 안에서 슬리퍼를 신어야 하는 여러 가지 이유가 있다.
  첫째, 층간 소음을 줄이기 위해 집 안에서 슬리퍼를 신어야 한다. 슬리퍼를 신지 않으면 층간 소음 때문에 이웃 간에 문제가 생길 수 있다. 특히 아파트에서 사람들이 슬리퍼를 신으면 층간 소음 때문에 일어나는 싸움이 줄어들 것이다.
  둘째, 슬리퍼의 바닥이 푹신하고 두툼해서 걸을 때 발바닥을 보호해 준다.
  슬리퍼는 층간 소음을 줄여 주고, 걸을 때 편안함을 주기 때문에 집 안에서도 신는 것이 좋다.

집 안에서 슬리퍼를 신어야 한다고 주장하기 위한 아래 질문에 답을 쓰세요.

1 슬리퍼를 신어야 한다고 생각하는 이유는 무엇인가요?

슬리퍼를 신으면 발을 보호할 수 있다.

2 집 안에서 슬리퍼를 신으면 좋은 점은 무엇인가요?

슬리퍼를 신으면 바닥이 푹신해서 발바닥이 아프지 않다.

3 슬리퍼의 필요성을 느꼈던 경험이 있나요?

엄마가 슬리퍼를 신지 않아서 유리 조각에 발을 다치신 적이 있다.

4 집 안에서 신기 좋은 슬리퍼는 무엇이 있나요?

자세를 교정해 주는 슬리퍼, 마사지 효과가 있는 슬리퍼 등이 있다.

94

집 안에서 슬리퍼를 신어야 한다고 주장하는 글을 써요.

제목   집 안에서도 슬리퍼를 신자.

  신발은 우리의 발을 보호해 준다. 나는 집 안에서도 슬리퍼를 신어야 한다고 생각한다.
  슬리퍼를 신으면 바닥이 푹신해서 발바닥이 아프지 않고, 추운 겨울에도 발이 따뜻하다. 또 집에서 발을 다치지 않을 수 있다. 예를 들어 며칠 전 엄마가 부엌에서 컵을 깨뜨리셨을 때 유리 조각을 치우시다가 발에 피가 난 적이 있다. 그때 슬리퍼를 신으셨다면 다치지 않았을 것이다.
  요즘 집에서 신는 슬리퍼는 종류가 다양하다. 자세를 교정해 주는 슬리퍼, 마사지 효과가 있는 슬리퍼 등 필요에 따라 슬리퍼를 선택하여 신으면 건강에도 도움이 될 것이다.
  바깥을 나갈 때 신발을 신듯 집에서도 슬리퍼를 신는다면 발을 항상 보호할 수 있고 좋은 점이 많다.

실제 경험을
이유로 써 봐!

→ 정답 및 예시 답안 | 22쪽

95

실전 42일

기행문 / 여행

월   일

여행을 다녀와서

비법 기행문은 여행을 다녀와서 보고, 듣고, 느낀 일을 적은 글이에요. 여행에서 있었던 일을 쓸 때에는 시간의 흐름에 따라 '먼저', '그다음에' 또는 '아침에', '점심에'와 같이 시간을 나타내는 말을 넣어 쓰면 좋아요.

예시

케이블카를 타고 남산을 다녀오다!
  지난 가을에 우리 가족은 서울에 있는 남산의 단풍을 구경하려고 남산 케이블카를 타러 갔다.
  아침에 도착했는데 케이블카를 타기 위해 기다리는 줄이 꽤 길었다. 남산 케이블카는 1962년에 운행을 시작했다고 한다. 편도 운행 시간은 약 3분으로 짧지만, 두 대만 운행하기 때문에 기다리는 시간이 꽤 길다고 했다. 출발할 때 덜커덩거려서 잠시 눈을 감았다 뜨니 케이블카가 가파르게 남산 위를 올라가고 있었다. 주변으로 울긋불긋하게 단풍 든 모습이 아름다웠다. 케이블카에서 내려 계단을 조금 오르자 서울타워가 보였다. 서울타워에서 내려다본 서울의 경치가 참 멋졌다.

다녀왔던 여행에 대하여 아래 질문에 답을 쓰세요.

1 언제, 어디에 다녀왔나요?

지난봄, 설악산에 가서 울산바위 코스를 올랐다.

2 여행에서 무슨 생각을 했나요?

계속 오르막길을 걸어 올라가서 다리가 아프고 힘들었다.

3 여행 중에 가장 기억에 남는 것은 무엇인가요?

커다란 흔들바위 앞에서 사진을 찍고, 바위를 밀어 보았던 일이 기억난다.

4 여행을 다녀온 후 어떤 느낌이 들었나요?

등산은 힘들지만 땀을 흘리고 좋은 공기를 마시니 상쾌한 느낌이 들었다.

96

여행을 다녀왔던 일을 떠올려 기행문을 써요.

제목   설악산 등산은 너무 힘들어

  우리 가족은 지난봄에 설악산에 다녀왔다. 속초에 갈 때마다 멀리서 봤던 울산바위를 가까이에서 보기 위해서였다.
  아침에 차를 타고 설악산 소공원에 도착했다. 주차를 하고, 울산바위 코스를 오르기로 했다. 조금 걸어 올라가니 절이 하나 보였고, 절을 지나서 계속 걸었더니 물이 졸졸 흐르는 계곡 길이 나왔다.
  1시간쯤 걸어 올라갔더니 슬슬 다리가 아프고 땀이 줄줄 흘렀다. 하지만 힘을 내서 계단을 올라갔더니 흔들바위가 보였다.
  흔들바위는 굴러떨어질 것 같은 위치에 아슬아슬하게 있었는데 힘주어 밀어도 꿈쩍도 하지 않았다. 우리는 사진을 찍고 시원한 약수를 마신 다음, 울산바위까지 올라가는 것은 포기하고 내려왔다.
  등산은 힘들었지만 산 아래에 내려오니 몸이 가뿐하고 상쾌한 느낌이 들었다. 몇 년 후에는 울산바위까지 올라가는 것을 다시 도전해 봐야겠다.

다시 가고 싶은
여행을 떠올려 봐!

→ 정답 및 예시 답안 | 22쪽

97

22

실전 43일

기행문 / 박물관

박물관에 다녀와서

비법 박물관에 다녀와서 기행문을 쓸 때에는 박물관에 간 목적을 쓰고, 이동한 장소에 따라 보고 들은 내용 중 특히 기억에 남는 것을 생생히 기록해요. 그리고 마지막에는 박물관에 대한 전체적인 감상을 쓰면 좋아요.

예시

국립중앙박물관에 다녀와서
여름 방학을 맞이해서 역사 공부를 하기 위해 엄마와 국립중앙박물관에 다녀왔다.
국립중앙박물관에는 구석기 시대부터 대한제국 시대까지 시대별로 전시관이 나누어져 있었다. 우리는 선사·고대관부터 순서대로 둘러보았다.
내가 가장 좋았던 전시실은 신라실이었다. '흙으로 빚은 인형'이라는 뜻의 토우가 가장 기억에 남는데, 옛사람들이 손으로 만든 그 작은 흙 인형들이 오랜 시간이 지난 지금까지 보존되었다는 사실이 놀라웠다.
국립중앙박물관 전체가 우리나라의 역사와 문화라는 생각이 들었다.

✎ 박물관에 다녀왔던 일에 대하여 아래 질문에 답을 쓰세요.

1 언제, 어느 박물관에 다녀왔나요?

지난 토요일에 서울역사박물관에 다녀왔다.

2 박물관에서 어느 장소들을 이동하며 구경했나요?

박물관 입구부터 각 전시실까지 안내 화살표를 따라 이동하였다.

3 박물관에서 본 것 중 가장 흥미로웠던 것은 무엇인가요?

서울을 작게 축소하여 만들어 놓은 대형 모형이 신기했다.

4 박물관에 다녀온 후 어떤 생각이 들었나요?

서울의 옛날 모습을 알게 되어 좋았다.

98

박물관에 다녀왔던 일을 떠올려 기행문을 써요.

제목 서울역사박물관에 다녀와서

지난 토요일에 엄마가 서울의 역사를 공부해 보자고 하시면서 나와 동생을 서울역사박물관에 데리고 가셨다.
박물관 입구에는 커다란 옛날 전차가 있었다. 그 전차는 실제로 서울 시내를 운행했던 전차라고 한다. 전차에 탄 사람들의 모습을 모형으로 만들어서 구경하는 것이 재미있었다.
그다음에는 박물관에 들어가서 조선 시대 관부터 대한 제국, 일제 강점기, 대한민국 관까지 순서대로 둘러보았다. 서울이 점점 발전하는 모습을 쭉 볼 수 있었다.
가장 좋았던 곳은 도시 모형 영상관이었다. 서울 전체를 축소해서 대형 모형으로 만들어 놓은 곳이었다. 바닥에 설치된 서울의 모습에 반짝반짝 불빛이 들어와 더욱 멋있었다.
옛날부터 지금까지 서울이 변해 온 모습을 보고 나니 예전보다 서울에 대해 더 자세히 알게 된 것 같아 기분이 좋았다.

박물관에서 본 것을 떠올려 봐!

→ 정답 및 예시 답안 | 23쪽

99

실전 44일

광고 글 / 학원

내가 다니는 학원을 광고하기

비법 광고 글은 어떤 대상의 정보를 알려 주며 설득하는 글이에요. 자신이 다니는 학원을 광고하는 글을 써 보세요. 그 학원의 자랑할 만한 점을 짧고 간결하게 써서 친구가 학원에 다니고 싶은 마음이 들도록 해요.

예시

'꿈꾸는 피아노'에 오세요!
따분하고 재미없는 피아노 레슨은 이제 그만!
'꿈꾸는 피아노는 한별초등학교 바로 앞 상가 1층에 있어요.
친절하고 유쾌한 선생님이 아이들의 수준과 특성에 맞춰 꼼꼼하고 체계적으로 지도합니다.
악보를 보는 이론 공부, 연주 지도, 개인 연습 시간으로 기초를 탄탄히 다집니다.
연 2회 '꿈꾸는 피아노 연주회'에서 수강생 모두 무대에 서는 기회도 가집니다.
음악을 통해 아이들은 꿈꾸고 행복해집니다. '꿈꾸는 피아노'에 오세요!

✎ 광고할 내용을 떠올려 아래 질문에 답을 쓰세요.

1 광고하고 싶은 학원에서 무엇을 배우나요?

어렵고 지루한 수학을 재미있게 배운다.

2 그 학원의 좋은 점은 무엇인가요?

쉬는 시간에 수학 보드게임을 할 수 있다.

3 선생님에 대해 자랑할 점은 무엇인가요?

수학 개념을 쉽고 재미있게 설명해 주신다.

4 그 학원을 다니면 어떤 효과가 있나요?

개념을 잘 이해하게 되어 어려운 수학 문제도 풀 수 있게 된다.

100

학원의 좋은 점을 강조한 광고 글을 써요.

제목 수학이 어렵다면 '쉬운 수학'으로!

수학을 싫어하나요? 수학이 어렵나요? 그렇다면 '쉬운 수학'으로 오세요!
'쉬운 수학'은 어렵고 지루한 수학도 재미있다는 것을 느끼게 해 줍니다.
'쉬운 수학'은 수학을 쉽게 가르쳐 주고, 쉬는 시간에는 다양한 수학 보드게임을 할 수 있어요.
'쉬운 수학'에는 재미있는 농담을 잘하시는 선생님이 계십니다. 선생님의 설명을 들으며 깔깔 웃다 보면 어느새 수학 개념을 익힐 수 있어요.
수학 개념을 완벽히 이해하고 나면 어려운 문제도 척척 풀 수 있지요.
더 이상 수학을 재미없게 배우지 마세요.
수학이 어렵고 재미없는 친구들은 모두 '쉬운 수학'으로 오세요!

좋아하는 학원을 광고해 봐!

→ 정답 및 예시 답안 | 23쪽

101

실전 45일 [광고 글 / 과자] 새로 나온 과자를 광고하기

[비법] 어떤 제품을 광고할 때에는 보는 사람이 호기심을 가질 수 있도록 눈에 띄는 표현을 사용해요. 새로 나온 과자를 골라 광고 글을 써 보세요. 과자의 맛을 실감 나고 재미있는 표현으로 묘사하면 더욱 좋아요.

◎ 예시

> 세상에 이런 과자가!
> 세상에 없었던 과자가 나타났다.
> 오븐에 구운 바삭한 파이 속에 초콜릿이 통째로 들어 있어요.
> 바삭한 파이를 한 입 깨물면 고소한 버터 향이 입속 가득 퍼져요.
> 거기서 끝이 아니에요. 뒤따라오는 부드러운 초콜릿의 맛에 깜짝 놀라요.
> 파이와 초콜릿의 놀라운 만남을 경험해 보고 싶나요?
> '초파이'를 맛보고 행복을 느껴 보세요!

✎ 광고할 내용을 떠올려 아래 질문에 답을 쓰세요.

1 광고하고 싶은 과자가 특별히 맛있는 이유는 무엇인가요?

구운 감자칩이라 담백하고 바삭바삭하다.

2 과자의 주재료는 무엇이고 어떤 맛이 나요?

감자가 주재료이고, 고소하다.

3 과자를 먹으면 어떤 기분이 드나요?

졸릴 때 과자를 먹으면 잠이 깨고, 기분이 좋아진다.

4 과자의 맛을 재미있고 창의적으로 표현한다면?

미래에서 온 감자칩

102

새로 나온 과자를 재미있게 소개하는 광고 글을 써요.

제목	미래에서 온 감자칩

지금까지의 감자칩과 차원이 다르다!
미래에서 온 감자칩!
몸에 안 좋은 기름에 튀긴 감자칩은 이제 그만!
감자를 얇게 썰어 오븐에 구운 감자칩이 나타났다.
기름이 쏙 빠져 담백하고 바삭바삭하고 고소한 감자칩!
오후에 졸리고 공부에 집중하기 힘들 때 감자칩을 한입 깨물어 먹어 보세요.
와그작와그작 씹는 소리에 졸음과 스트레스가 저 멀리 사라지고, 기분이 좋아질 거예요.
미래에서 온 감자칩, '프링감자'의 바삭함에 빠져 보세요.

기발한 표현으로 소개해 봐!

→ 정답 및 예시 답안 | 24쪽

103

실전 46일 [주제 글 / 쉬는 시간] 쉬는 시간에 무엇을 할까?

[비법] 재미있는 주제에 대해 생각의 날개를 펼치며 자유롭게 글을 쓰면 글쓰기에 재미를 느낄 수 있어요. 학교에서 쉬는 시간을 보내는 방법은 무엇인가요? 쉬는 시간을 알차게 보내는 나만의 방법을 소개해요.

◎ 예시

> 내가 학교에서 쉬는 시간을 보내는 방법
> 쉬는 시간 종이 울리면 나는 제일 먼저 단짝 친구의 자리로 간다. 같이 서둘러 화장실에 다녀온 후에 보드게임을 하는 친구들 무리를 살펴본다.
> 요즘 우리가 가장 좋아하는 보드게임은 '젠가'이다. 젠가를 하는 아이들이 이미 많다면 그다음으로 우리가 좋아하는 '공기'가 남아 있는지 살펴본다. 놀 시간을 조금이라도 더 얻으려면 무엇을 할지 재빨리 정하는 것이 중요하다.
> 쉬는 시간은 짧기 때문에 늘 아쉽다. 그래도 나는 10분을 알차게 보내려고 노력한다.

✎ 학교에서 쉬는 시간을 보내는 방법에 대하여 아래 질문에 답을 쓰세요.

1 쉬는 시간 종이 울리면 가장 먼저 무엇을 하나요?

교과서와 필통을 서랍 속에 넣고 책상을 깨끗이 정리한다.

2 그다음에는 무엇을 하나요?

다음 수업이 무엇인지 확인한다.

3 쉬는 시간이 끝나기 5분 전에 하는 일은 무엇인가요?

화장실에 다녀온다.

4 쉬는 시간을 보낼 때 어떤 마음이 드나요?

10분이 빨리 지나가서 쉬는 시간이 조금 더 길면 좋겠다.

104

'학교에서 쉬는 시간을 보내는 방법'을 주제로 자유롭게 글을 써요.

제목	다음 수업을 준비하는 나의 쉬는 시간

수업 시간이 끝나는 종이 울리면 나는 가장 먼저 교과서를 덮고, 책상 위에 올려놓았던 필통과 함께 서랍 속에 넣는다.
그다음에 하는 일은 시간표를 보고 다음 수업이 무엇인지 확인하는 것이다. 쉬는 시간에 다음 수업 과목을 확인해 두면 교실을 옮겨야 할 때 미리 준비할 수 있어서 좋다.
화장실에 가고 싶다면 쉬는 시간이 5분 정도 지난 후에 간다. 그때 가면 화장실이 덜 붐비기 때문이다. 화장실에 갈 필요가 없다면 친구와 이야기를 나누거나 간단한 놀이를 한다. 쉬는 시간에 땀을 흘리는 놀이를 하면 다음 수업 시간에 힘든 느낌이 들어서 앉아서 노는 놀이를 한다.
쉬는 시간 10분은 엄청 빨리 지나간다. 그래서 쉬는 시간이 조금 더 길면 좋겠다는 생각을 매일 한다.

쉬는 시간에 무엇을 하는지 떠올려 봐!

→ 정답 및 예시 답안 | 24쪽

105

실전

47일

주제 글 / 하기 싫은 일

월   일

해야 하지만 정말로 하기 싫은 일은?

비법 해야 하는 일 중에서 정말로 하기 싫은 일도 있어요. 가장 하기 싫은 일이 무엇인지 쓰고, 그 일이 싫은 까닭을 구체적으로 써 보세요. 어쩔 수 없이 해야 하는 일이 있을 때 글로 내 마음을 털어놓으면 좋아요.

예시

영어 학원은 정말 다니기 싫어!
내가 정말로 하기 싫은 일은 영어 학원에 가는 것이다.
나는 영어 학원을 엄청 싫어하지만 일주일에 세 번이나 가야 한다. 영어 학원이 정말 싫은 이유 중 하나는 공부가 어려워진다는 것이다. 어려운 영어 책을 읽고 영어로 글도 써야 한다. 영어 학원이 싫은 두 번째 이유는 원어민 선생님의 질문에 틀리게 말할까 봐 조마조마한 것이다.
엄마는 영어 공부를 열심히 하면 영어 실력이 늘 것이라고 하셨다. 엄마 말씀대로 내가 영어를 잘하게 되는 날이 올까? 그런 날이 빨리 오면 좋겠다.

✏️ 해야 하지만 정말 하기 싫은 일에 대하여 아래 질문에 답을 쓰세요.

1 내가 정말로 하기 싫은 일은 무엇인가요?

아침에 일찍 일어나는 것

2 그 일이 하기 싫은 가장 큰 이유는 무엇인가요?

너무 졸리고 눈이 떠지지 않기 때문이다.

3 그 일이 하기 싫은 두 번째 이유는 무엇인가요?

행복한 꿈을 꾸고 있을 때 꿈에서 깨기 싫기 때문이다.

4 너무 싫지만 그 일을 해야 하는 이유는 무엇인가요?

일찍 일어나지 않으면 학교에 지각하기 때문이다.

106

'해야 하지만 정말 하기 싫은 일'을 주제로 자유롭게 글을 써요.

제목   일찍 일어나기는 정말 싫어!

내가 해야 하는 많은 일 중에 가장 싫어하는 일은 일찍 일어나는 것이다.

나는 다른 사람보다 잠이 많은 편이다. 밤에 일찍 자지만 아침에 일찍 일어나는 것이 너무 힘들다. 학교에 갈 때에는 늦어도 7시 30분에는 일어나야 한다. 그래야 아침밥을 먹고 준비를 한 후 8시 20분쯤 집에서 출발할 수 있다.

아침에 눈이 제대로 떠지지 않고 졸린데 억지로 일어나야 하는 것이 정말로 싫다.

일찍 일어나는 것이 더 싫은 이유는 행복한 꿈을 꾸고 있을 때가 많기 때문이다. 꿈속에서 맛있는 것을 먹고 있을 때 알람 소리가 울리면 너무 억울하다.

일찍 일어나는 게 정말 싫지만 학교에 지각하면 더 힘들어진다. 그래서 나는 어쩔 수 없이 일찍 일어난다.

가장 하기 싫은 일 한 가지 골라 봐!

→ 정답 및 예시 답안 | 25쪽

107

실전

48일

주제 글 / 소중한 물건

월   일

가장 소중한 물건 세 가지는?

비법 만약 우리 집에 불이 나서 집에서 빨리 나와야 한다고 상상해 보세요. 딱 세 가지 물건만 챙겨서 나올 수 있다면 무엇을 선택할 것인가요? '첫째, 둘째, 셋째'를 써서 소중한 물건 세 가지를 소개해요.

예시

무슨 일이 있어도 포기할 수 없는 담요, 스마트폰, 앨범
만약 불이 나서 딱 세 가지 물건만 챙길 수 있다면, 나는 담요, 스마트폰, 앨범을 챙길 것이다.
첫째, 담요는 내가 아기였을 때부터 덮었던 것이기 때문에 나에게 가장 소중한 물건이다.
둘째, 스마트폰에는 친구들과 찍은 사진이 가득 들어 있으므로 소중하다.
셋째, 앨범은 내가 태어났을 때부터 지금까지 찍은 사진들 중 잘 나온 사진들만 모아 놓은 것이다. 나의 추억이 앨범에 담겨 있으니 불에 타면 절대 안 된다.
우리 집에 불이 나지 않길 바라지만, 만약 불이 나면 이 세 가지는 꼭 챙겨서 나올 것이다.

✏️ 소중한 세 가지 물건에 대하여 아래 질문에 답을 쓰세요.

1 제일 먼저 챙겨야 하는 가장 중요한 물건은 무엇이고, 그 이유는 무엇인가요?

지갑. 내가 지금까지 모은 돈이 들어 있기 때문이다.

2 두 번째로 챙겨야 하는 중요한 물건은 무엇이고, 그 이유는 무엇인가요?

안경. 눈이 나빠서 멀리 있는 것을 볼 때 꼭 필요하다.

3 세 번째로 챙겨야 하는 중요한 물건은 무엇이고, 그 이유는 무엇인가요?

일기장. 1년 동안 매일 일기를 썼기 때문이다.

4 세 가지 물건을 고른 것을 후회하지 않을 것 같나요?

이 세 가지는 나에게 가장 중요한 물건이므로 후회하지 않을 것이다.

108

'가장 소중한 내 물건 세 가지'를 주제로 자유롭게 글을 써요.

제목   지갑과 안경과 일기장

만약 우리 집에 불이 난다면 나는 지갑, 안경, 일기장을 재빨리 가지고 나올 것이다.

내가 가장 먼저 챙길 물건은 지갑이다. 지갑에는 내가 그동안 열심히 모은 돈이 들어 있기 때문이다. 먹고 싶은 것, 사고 싶은 것을 참으며 모은 돈이라 잃어버리면 너무 속상할 것 같다.

두 번째로 중요한 물건은 안경이다. 나는 안경이 없으면 멀리 있는 것이 잘 보이지 않아서 안경이 꼭 필요하다. 그리고 지금 내가 쓰는 안경의 모양이 마음에 꼭 들어서 그것을 잃고 싶지 않다.

내가 세 번째로 챙길 물건은 일기장이다. 나는 1년 동안 거의 매일 일기를 썼다. 일기에는 나의 비밀이 담겨 있어서 소중하다.

이 세 가지는 나에게 매우 중요한 물건이기 때문에 이것들을 챙긴다면 후회하지 않을 것 같다.

딱 세 가지만 골라 봐!

→ 정답 및 예시 답안 | 25쪽

109

실전 49일

주제 글 / 자랑스러운 순간

월 일

내가 자랑스러웠던 순간은?

비법 자신이 자랑스러웠던 순간은 언제인가요? 부모님이나 선생님께 칭찬을 받거나 상을 탔을 때 등 여러 순간이 있을 거예요. 가장 기억에 남는 순간을 떠올려 언제, 어디에서, 무슨 일이 있었는지 써 보세요.

예시

내 자신이 자랑스러웠던 순간

얼마 전 국어 시간에 있었던 일이다. 우리는 소리가 비슷한 낱말들을 배우고 있었다.

선생님께서 칠판에 문장을 몇 개 쓰고 무엇이 맞는지 물어보셨다. '편지를 붙이다.', '편지를 부치다.', '문이 닫히다.', '문이 다치다.' 등 소리가 비슷하여 틀리기 쉬운 것들이었다. 나는 손을 번쩍 들고 큰 소리로 정답을 말했다. 선생님이 모두 맞았다고 하셨고, 친구들도 나를 보며 박수를 쳐 주었다. 아주 뿌듯했다.

그 이후로 친구들은 모르는 글자가 있으면 나에게 물어본다. 친구들의 질문에 답을 해 주는 내 자신이 정말 자랑스럽다.

✏ 자신이 자랑스러웠던 순간에 대하여 아래 질문에 답을 쓰세요.

1 언제, 어디에서 있었던 일인가요?

9월에 우리 반에서 회장 선거를 했다.

2 무슨 일이 있었나요?

친구의 추천을 받아 후보가 되었고, 회장으로 뽑혔다.

3 그때 내가 무엇을 했나요?

연설 내용을 연습하여 자신있게 말했다.

4 그 일을 겪으며 무슨 생각과 느낌이 들었나요?

내가 자랑스러웠고, 나를 뽑아 준 친구들에게 보답해야겠다고 생각했다.

110

'자신이 자랑스러웠던 순간'을 주제로 자유롭게 글을 써요.

제목 내가 회장으로 뽑혔다!

여름 방학이 끝나고 9월 첫 주에 반에서 회장 선거를 했을 때의 일이다.

나는 2학기 때 꼭 회장이 되고 싶었다. 규리가 나를 후보로 추천해 주었다. 규리에게 고마운 마음이 들었다.

추천을 받아 후보가 된 친구는 모두 다섯 명이었다. 나는 머릿속으로 공약을 떠올리며 연설 내용을 연습했다. 내가 생각한 공약은 세 가지였다. 첫째, 반 친구들의 요구 사항을 잘 들어주겠다. 둘째, 따돌림 당하는 친구가 없는 반을 만들겠다. 셋째, 수업 시간에 조용한 교실을 만들겠다. 그리고 나의 연설 순서가 되었을 때 연습한 내용을 자신 있게 말했다.

투표함을 열고 표를 하나씩 꺼낼 때 심장이 두근두근 뛰었다. 투표 결과, 내가 회장으로 뽑혔다! 나를 뽑아 준 친구들에게 보답하기 위해 열심히 일하는 회장이 되겠다고 결심했다. 회장이 된 내가 자랑스럽다.

가장 뿌듯했던 내용을 떠올려 봐!

→ 정답 및 예시 답안 | 26쪽

111

실전 50일

주제 글 / 주인공

월 일

이야기 속 주인공이 된다면?

비법 내가 이야기의 주인공이 되면 어떤 모습이든 될 수 있고, 무슨 일이든 할 수 있어요. 주인공이 된 내가 이야기에서 무슨 일을 겪고, 결국 어떻게 될지 이야기를 마음껏 상상해 보세요.

예시

내가 이야기 속 주인공이 된다면

만약 내가 이야기 속 주인공이 된다면 엄청 똑똑한 천재 발명가가 될 것이다.

발명가가 되어 가장 먼저 발명하는 기계는 우리 엄마가 갖고 싶어 하는 빨래 개는 기계이다. 하지만 그 기계는 너무 복잡하고 비싸서 처음에 잘 팔리지 않는다. 나는 고민을 거듭하며 기계를 조금씩 수정한다. 결국 처음 만들었을 때보다 가격이 저렴한 기계를 다시 발명한다.

그 기계는 사람들 사이에 소문이 나고, 많은 사람들이 모두 갖고 싶어 하는 기계가 된다. 발명가인 나는 기계를 많이 팔아 엄청난 부자가 된다. 그리고 새로운 발명품을 비밀리에 다시 만들기 시작할 것이다.

✏ 내가 주인공이 된 이야기를 상상하며 아래 질문에 답을 쓰세요.

1 나는 어떤 모습과 성격을 가진 주인공인가요?

항상 미소를 띤 얼굴로 곤경에 빠진 사람을 구하는 용감한 영웅이다.

2 주인공이 된 내가 무슨 일을 겪나요?

어느 날 나는 우연히 나의 힘이 엄청 세다는 사실을 알게 된다.

3 주인공인 나는 어떤 행동을 할까요?

길을 가다가 형들에게 괴롭힘을 당하는 친구를 구해 준다.

4 결국 나는 어떻게 되나요?

도움이 필요한 사람들을 돕는 슈퍼 히어로가 된다.

112

'이야기 속 주인공이 된다면?'을 주제로 자유롭게 글을 써요.

제목 나는야 슈퍼 히어로

만약 내가 이야기 속 주인공이 된다면 항상 웃는 얼굴로 곤경에 빠진 사람을 구하는 용감한 영웅이 되고 싶다.

주인공인 나는 지금의 모습과 똑같은 평범한 어린이다. 그런데 어느 날 나에게 달려오는 자동차를 두 손으로 막아 낸다. 자동차 사고가 날 뻔한 순간, 나의 놀라운 힘을 알게 된 것이다.

며칠 후 골목에서 같은 반 친구가 형들에게 괴롭힘을 당하고 있는 모습을 본다. 형들은 나의 모습을 보며 비웃는다. 그때 나는 두 명의 형을 동시에 번쩍 들어 올리고 공중에서 흔들 것이다. 겁을 먹은 형들은 제발 내려 달라고 소리를 지른다. 그때 나는 형들을 내려놓으며 다시는 약한 동생들을 괴롭히지 말라고 멋지게 말한다.

그 이후로 나는 평소에는 평범하게 지내다가 누군가에게 도움이 필요한 순간 멋지게 나타나 사람들을 돕는 슈퍼 히어로가 된다.

내가 나오는 멋진 이야기를 써 봐!

→ 정답 및 예시 답안 | 26쪽

113

MEMO

MEMO

초등 공부 시작부터 끝까지!

문장 학습 + 글쓰기

정답 및 예시 답안

메가스터디BOOKS
내용 문의 02-6984-6928,31 | 구입 문의 02-6984-6868,9 | www.megastudybooks.com

이서윤쌤의
초등 한자 어휘 일력

한자를 알면 공부 포텐이 터진다!
매일 한 장씩 재밌게 넘겨 보는 어휘 처방전

✓ 재미있는 만화와 챌린지로 아이들이 스스로 일력을 넘겨 봐요.

✓ 한자 1개당 한자 어휘 4개씩, 총 1460개 어휘를 배워요.

✓ 의미 중심 3단계 한자 어휘 공부법으로 공부해요.

일력으로
배워 보자!

메가스터디BOOKS